Économie du logiciel libre

François **Elie**

Économie du logiciel libre

EYROLLES

ÉDITIONS EYROLLES
61, bd Saint-Germain
75240 Paris Cedex 05
www.editions-eyrolles.com

À Hippase de Métaponte

Maître des novices chez les pythagoriciens
libérateur des mathématiques

Avant-propos

Cet ouvrage s'adresse à ceux qui font, vendent, utilisent
ou achètent du logiciel libre, c'est-à-dire, tôt ou tard...
à tout le monde !

> (...) j'espère qu'il sera utile à quelques-uns, sans être nuisible à personne, et que tous me sauront gré de ma franchise. [Descartes, *Discours de la méthode, 1637*]

Les logiciels libres sont des objets bien mystérieux. Poussent-ils sur les arbres ? Comment peut-on gagner de l'argent avec du gratuit ? Comment expliquer la puissance de ce mouvement face à des entreprises colossales ?

L'attitude des adversaires du logiciel libre suit de très près la chronologie de la formule célèbre de Gandhi :

> *Au début, ils vous ignorent, ensuite ils se moquent de vous, puis ils vous combattent, mais à la fin, vous gagnez !*

À quoi il faudrait même ajouter : « Entre temps ils vous observent, ils vous imitent et se font même passer pour vous ».

Comment expliquer les conflits permanents entre *logiciel libre* et *open source* ? S'agit-il seulement de philosophie et de politique ? Y a-t-il d'autres conflits latents ? Les prestataires et leurs clients peuvent-ils vraiment avoir les mêmes intérêts ? Et si l'analyse de ces conflits d'intérêts permettait de comprendre ce qui se passe ?

Et puis la progression de Linux sur le poste de travail est très faible, comment croire à son triomphe ?

Petit souvenir

> Un jour, lors d'un table ronde, je déclare pour commencer : « dans dix ans il n'y aura plus de logiciels propriétaires ». L'animateur se tourne alors vers le représentant des éditeurs et lui demande : « Que répondez-vous à ce genre de provocation ? – Moins de dix ans ! ». L'animateur était un peu perdu.

Le but de cet ouvrage est d'expliquer comment, tranquillement, le monde du logiciel libre va devenir le monde du logiciel tout court.

> Certains pourraient avoir l'impression que Linux ou les BSD sont des systèmes d'exploitation d'amateurs. Erreur : c'est simplement Unix[1] qui revient... libre.

Grâce à quelques hypothèses de bon sens, il est possible de comprendre l'arrivée du logiciel libre sur la scène économique, son mouvement, ses lignes de fractures et ses promesses. Et la rapidité avec laquelle il s'est imposé.

Le logiciel libre (*free software*) a commencé chez les informaticiens ; il a commencé avec l'informatique. Ainsi certains se souviennent des débuts de la *micro*-informatique, quand les journaux *publiaient* des programmes.

Les débuts

> **1984** est la date où le mouvement prend conscience de lui-même avec Richard Stallman (mouvement GNU, licence GPL). Il faut attendre **1991**, date à laquelle Linus Torvalds va commencer le développement de Linux de manière collaborative avec les outils des universités, pour mesurer les effets de réseaux. Et il faut attendre le milieu des années 1990 pour que via l'Internet ouvert (**1996**[2]) à tous, les non-informaticiens en prennent connaissance, puis s'y impliquent. En **1998**, Netscape libère le code de ce qui va devenir Mozilla puis Firefox.

Grâce à l'Internet, les informaticiens s'enthousiasment : ils vont cesser de *réinventer la roue* chacun dans leur coin et partager ce qu'ils font afin d'avancer. Les programmes essentiels de l'Internet (Apache, Sendmail) et les protocoles seront bâtis ainsi.

C'est ensuite, au sein des entreprises, l'occasion saisie d'une *mutualisation par l'offre*, un partage des coûts, sous le nom d'*open source*. À la fin des années 1990, les entreprises commencent à mesurer le bénéfice qu'elles tireraient à utiliser d'autres méthodes de développement logiciel.

DÉFINITIONS Libre et open source

> « Ceux qui utilisent le terme *logiciel open source* ont tendance à insister sur les avantages techniques de tels logiciels (meilleure interopérabilité, meilleure sécurité...), tandis que ceux qui utilisent le terme de *logiciel libre* (*free software*) ont tendance à insister sur la liberté hors du contrôle d'un tiers et/ou sur les enjeux éthiques. Le contraire d'un logiciel OSS/LL-FS est un logiciel *fermé* ou *propriétaire*. » [Wheeler, 2007]

Nous sommes au début du troisième moment de cette histoire : la *mutualisation par la demande*. Les clients (les utilisateurs qui paient) sont en train d'inventer des dispositifs pour faire développer en se coalisant des applications *métier* et de les maîtriser.

On verra quels modèles économiques, dont certains transitoires, se seront déployés à travers le temps.

Les trois moments de cette histoire voient des émergences de communautés : d'abord des communautés d'individus, ensuite des communautés d'entreprises, enfin des communautés de clients. Les conflits *internes* au monde du logiciel libre – entre ces communautés, sont inévitables. Mais l'important est ailleurs : l'évolution des forges de développement logiciel, ces *usines à collaborer*.

C'est autour des forges de demain que se jouera l'avenir de la société de l'information. Il nous faut commencer à approcher une économie au sein de laquelle la notion de *biens libres* se transforme complètement. Jean-Baptiste Say écrivait en 1829 :

> *Les richesses naturelles sont inépuisables, car sans cela nous ne les obtiendrions pas gratuitement.*[3]

Nous savons aujourd'hui que les richesses naturelles ne sont *plus* inépuisables, tandis que le monde du numérique produit des *biens libres*. Il est singulier qu'il appartienne à notre époque de penser en même temps le caractère limité de l'environnement que nous avions cru *libre*, et le caractère essentiellement durable et inépuisable d'objets produits par notre économie, dont les logiciels libres sont les prototypes.

Remerciements

Je remercie tous ceux qui, à l'ADULLACT, à l'AFUL et ailleurs, m'ont aidé par leurs remarques, leurs critiques et leurs encouragements à améliorer ce livre : Bernard, Laurent, Jean, Pierre, René, François, Philippe, Pascal, Patrick, Michèle, Jean-Pierre et surtout Muriel. Pardon à ceux que j'ai oubliés.

Je remercie Michel Bondaz de m'avoir un jour offert *Le théorème du perroquet,* de Denis Guedj.

Je remercie ma femme et mes enfants de m'avoir *supporté.*

Table des matières

Économie du logiciel et particularités du logiciel libre

Il nous semble nécessaire de faire un bref rappel d'évidences souvent mal comprises sur la nature du logiciel libre et ses implications économiques.

Qu'est qu'un logiciel ?

Rappelons qu'un logiciel ou programme existe sous deux formes. D'abord, il s'agit d'un texte écrit par un être humain dans un langage de programmation : c'est ce que l'on appelle le code source. C'est ensuite, éventuellement, un *code exécutable*, compréhensible par des machines. Certains programmes sont lus et interprétés à la volée : on parlera de langages interprétés ; d'autres ont besoin d'être préparés pour être compris plus vite par telles machines et intégrés à leur environnement : c'est la *compilation*, qui, à partir du code source, produit un code exécutable.

La plupart des gens n'ont jamais vu de code source. Acheter un logiciel consiste en fait à acheter un support physique sur lequel se trouve du code exécutable.

> *Rien ne garantit dans le cas des logiciels propriétaires qu'on pourra continuer à en faire l'usage à l'avenir. On pourrait résumer en disant que les logiciels classiques sont loués à leurs propriétaires (lesquels en restent propriétaires, bien qu'on ait l'habitude de parler d'achat de logiciel et non de location).*[4]

En général, on ne dispose pas du code source, et encore moins du droit de le modifier pour l'améliorer, et encore moins du droit de le distribuer ou d'en faire commerce ! Et on n'est même pas sûr d'avoir le droit de revendre ce qu'on a acheté...

L'économie du logiciel

On réduit souvent l'économie du logiciel au domaine de l'*édition logicielle*. Pour un éditeur, les choses sont très simples : il faut investir, payer des gens pour programmer et se refaire en vendant le plus possible de licences de son logiciel. Le retour sur investissement peut être colossal (ou nul), et les marges très élevées.

Or, il s'écrit beaucoup de logiciels en dehors des circuits de l'édition. Au sein des entreprises, il peut y avoir des informaticiens qui produisent du logiciel et les entreprises peuvent recourir à du service, qui peut donner lieu à de l'écriture de logiciels. Il faut donc intégrer cet immense pan d'activité lorsqu'on parle d'économie du logiciel. C'est d'autant plus important que ce « chacun pour soi » est un gaspillage de ressources, car il conduit à refaire tous un peu la même chose.

Qu'est-ce qu'un logiciel libre ?

Nous n'entrerons pas ici dans les détails des licences de logiciels libres. Pour faire bref, un logiciel libre est un logiciel dont l'auteur a rendu les secrets de fabrication (code source) librement accessibles et librement réutilisables.

Voici un simple rappel des définitions canoniques dans les deux tendances (libre/free software *versus* open source) évoquées en avant-propos.

La Free Software Foundation définit un logiciel libre en quatre libertés

- La liberté d'exécuter le programme, pour tous les usages (liberté 0).

- La liberté d'étudier le fonctionnement du programme, et de l'adapter à vos besoins (liberté 1). L'accès au code source est alors une condition requise.

- La liberté de redistribuer des copies, donc d'aider votre voisin (liberté 2).

- La liberté d'améliorer le programme et de publier vos améliorations, pour en faire profiter toute la communauté (liberté 3). L'accès au code source est alors une condition requise.

L'Open Source Initiative (OSI) le détaille autrement

1. La libre redistribution.
2. Le code source distribué.
3. Les œuvres dérivées autorisées.
4. L'intégrité du code source de l'auteur.
5. La non-discrimination contre des personnes ou groupes.
6. La non-discrimination contre des champs d'application.
7. La distribution de la licence en même temps que le programme.
8. La licence ne doit pas être propre à un produit.
9. La licence ne doit pas restreindre d'autres logiciels.
10. La licence doit être neutre sur le plan technologique.

Trois catégories juridiques pertinentes pour l'industrie

On distingue trois familles de logiciels libres, selon la transitivité ou non de la licence, en considérant les effets sur l'intégration avec d'autres logiciels.

En 1984 ou 1985, Don Hopkins (dont l'imagination était sans borne) m'a envoyé une lettre. Il avait écrit sur l'enveloppe plusieurs phrases amusantes, et notamment celle-ci : « Copyleft – all rights reversed. » (N.d.T. : « Copyleft – tous droits inversés »). J'ai utilisé le mot copyleft pour donner un nom au concept de distribution que je développais alors. (Le projet GNU, par Richard Stallman, source : Wikipedia).

DÉFINITION Copyleft

Disposition qui fait hériter de sa licence toute dérivation d'un logiciel. L'auteur n'autorise pas que son travail puisse évoluer avec une restriction des droits qu'il accorde, en particulier de la copie. Certains parlent du caractère *contaminant* ou *viral* des licences copyleft, par exemple de la licence GPL. La conséquence du copyleft est la constitution d'un patrimoine logiciel.

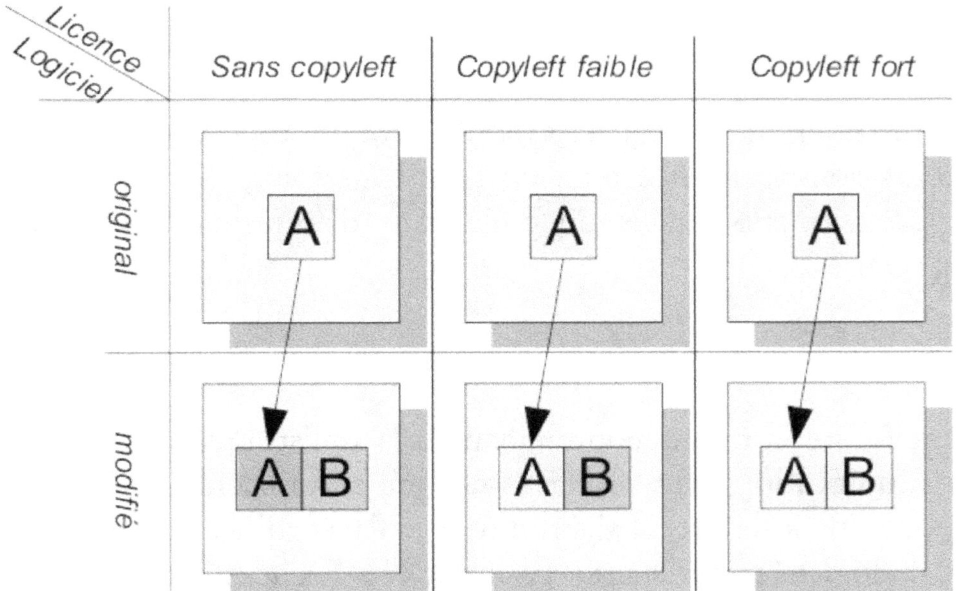

Trois familles de logiciels

- Sous une licence de type sans copyleft, le composant A pourra prendre la licence du composant B.
- Sous licence de type copyleft faible, le composant A devra garder sa licence et le composant B pourra garder sa licence.
- Enfin sous licence de type copyleft, le composant B devra prendre la même licence que le composant A.

(Schéma et commentaires extraits du *Guide pratique d'usage des logiciels libres dans les administrations – décembre 2007*[5])

Libre à copyleft fort

La redistribution du logiciel avec ou sans modification *peut* se faire, mais toujours sous la licence initiale. De plus, tous les composants, associés de quelque manière que ce soit avec le logiciel afin de constituer un nouvel ensemble logique plus vaste, seront couverts par la licence initiale. Ces licences permettent la constitution d'un patrimoine homogène.

Libre à copyleft faible

La redistribution du logiciel avec ou sans modification peut se faire, mais toujours sous la licence initiale. Il est toutefois possible d'ajouter pour de nouvelles fonctionnalités du code sous d'autres licences, éventuellement propriétaires.

Libre sans copyleft

Licence libre la moins contraignante : la redistribution du logiciel avec ou sans modification peut se faire sous une autre licence. En particulier, cette licence peut interdire la distribution et la modification (on peut donc en faire du logiciel propriétaire). Exemple : les licences BSD.

Pour réfléchir

> Pour ceux qui s'intéressent à la notion de liberté, une lecture utile : *Liberté des anciens, liberté des modernes*, de Benjamin Constant. (http://www.panarchy.org/constant/liberte.1819.html)

Quelles que soient les différences, l'idée générale est : cessons de réinventer la roue, et produisons du code réutilisable qui permette de bâtir ensemble.

> Il est utile à l'écosystème général que coexistent les deux stratégies : copyleft et sans copyleft, afin de constituer un patrimoine tout en s'intégrant aux bibliothèques existantes.

C'est tout l'écosystème qu'il faut considérer, et non seulement l'affrontement entre les éditeurs de logiciels propriétaires et le monde du logiciel libre. Car ce n'est que la partie émergée de l'iceberg. La question n'est pas seulement : pourrait-on vivre en écrivant du logiciel non-propriétaire ? Elle se pose désormais plus généralement pour la réutilisation du code produit à l'occasion du service : au sein des services informatiques se pose aussi la question de la généricité du code produit pour répondre à un problème particulier, et du partage entre acteurs ayant les mêmes besoins.

La concurrence *entre produits* propriétaires, mais aussi l'organisation des sociétés de services a l'inconvénient de produire peu de code factorisable. L'enjeu d'une économie du logiciel libre est donc l'*optimisation* de la production informatique. On pourrait dire qu'il s'agit simplement de déplacer la concurrence du produit vers le service sur le produit. Mais cette explication ne suffit pas, comme nous le verrons, car elle ne rend pas compte de ce qui, *économiquement*, fait exister le produit.

Copier n'est pas re-produire

Ainsi, beaucoup pensent que le logiciel libre a un avenir en informatique. Certains pensent même qu'il *est* son avenir.[6] Pour autant, la compréhension de son économie est balbutiante, faute en particulier de comprendre très en amont les conditions de la production, et de mesurer assez les conflits d'intérêt en son sein : les communautés n'ont pas les mêmes intérêts que les entreprises, les clients n'ont pas les mêmes intérêts que leurs prestataires.

Le monde platonicien (où l'original vaut mieux que la copie) est profondément affecté par le monde du numérique, où la copie est identique à l'original. Les êtres humains ont encore tendance à regarder toute copie comme une dégradation qui induit une perte : il faudrait se méfier des imitations. La véritable création, inimitable, ne devrait rien devoir à la copie.

Mais à la différence du monde sensible ou *analogique*, le monde du numérique rend possible la copie à l'identique, la copie sans perte d'information. Les objets numériques sont comme des idées :

> *Si nous avons chacun un objet et que nous les échangeons, nous avons chacun un objet. Si nous avons chacun une idée et que nous les échangeons, nous avons chacun deux idées.*
> *Proverbe (chinois ou africain ?)*

Ce monde non platonicien bouscule donc évidemment la sphère juridique. Mais bouscule-t-il pour autant l'économie ?[7]

En économie (dans une situation normale de concurrence), le prix a tendance à égaliser le coût marginal de production. Du fait que dans le monde du numérique le coût marginal de la distribution peut être nul, certains déduisent un peu vite qu'il s'agit d'une ressource *gratuite*. Ce sophisme est répété à l'envi... Dans le monde physique, produire un *nième* objet, c'est le fabriquer, mais *copier* un objet numérique n'a rien à voir avec le fait de le produire. Pour le dire en un mot : *dans le monde du numérique, copier n'est pas reproduire*. La ressource peut bien être gratuite, cela ne veut pas dire qu'elle n'a rien coûté à produire ! Observer sa distribution ou sa multiplication ne dispense pas de réfléchir à sa production.

Distinguer copier et re-produire

> Éric Raymond, qui fait partie de ceux qui combattent ce sophisme, écrit : « En général, cela revient à dire que le coût marginal de reproduction de l'information, nul, implique que son coût de revient doit lui aussi être nul. (...) Même si on peut dupliquer à coût nul l'information concédant le droit au bien disputé, ce n'est pas le cas de ce bien lui-même. » [Raymond, 1999]

C'est paradoxal, car rien ne distingue pourtant la copie de l'original ! Mais la production d'objets numériques peut impliquer du temps humain, et donc du *travail*. Si la diffusion a un coût marginal nul, la production, elle, a un coût ! Il est donc important d'examiner de plus près le *mode de production* du logiciel libre. Car il est probablement très imprudent de s'imaginer qu'advient, avec ce monde du numérique, un communisme informationnel[8].

Certes, il est évident qu'il y a une logique *réactionnaire* qui tend à rendre jetables les biens informationnels et à aller contre leur libre circulation. C'est une réaction naturelle devant le changement : elle consiste à fabriquer artificiellement de la rareté.

> *Face à ces défis nouveaux, les entreprises traditionnelles ou même nouvelles sont saisies d'un syndrome qui rappelle singulièrement celui de la réaction nobiliaire à la veille de la Révolution. Elles s'emparent alors de la seule chose qui leur reste : la loi, une loi durcie, crispée, et fragilisée par le fait que les transformations du contexte technique en rendent l'application problématique, difficile, voire impossible.*
> *[Jean-Claude Guédon, La Recherche, novembre 2000]*

Mais il n'est pas évident pour autant que la libre circulation des biens informationnels exclue que leur *production* s'inscrive dans une logique tout à fait classique de marché. L'enthousiasme de ceux qui s'émerveillent du *grand partage* doit être tempéré. À y regarder de près, la séparation entre Capital et Travail décrite jadis par Marx s'y profile de manière un peu voyante. Il y a manifestement là des gens habiles à exploiter le travail des autres. Doit-on vraiment s'en réjouir ?

Contribution et rétribution

Petit souvenir

> À la question « Comment va votre entreprise ? », son CEO répondit un jour en souriant : « Les pingouins en peluche se vendent bien. »[9]

Il y a deux usages bien différents de l'expression *modèle économique*. Le premier usage renvoie à une sphère économique *impliquant* le logiciel libre. Il s'agit de rendre compte de façon descriptive des pratiques effectives[10], de ce que l'on fait *avec* le logiciel libre. Ce ne sont pas des *modèles*, ce sont des *exemples*. Par leur moyen, cette économie est présentée globalement comme un *modèle de service*[11].

L'informatique, c'est beaucoup de service

> La moitié des emplois du secteur informatique sont dans les services, dont un peu plus d'un quart dans le domaine du libre.
> [Ezratty, 2007]

Pourtant le modèle de service en lui-même n'a pas grand-chose à voir avec le logiciel libre : il ne dit rien du tout sur la relation entre la création de valeur et la production effective du code des logiciels, car le service donne lieu à très peu de dépôt de code.

Le second usage de l'expression *modèle économique* concerne une situation théorique ou idéale des acteurs qui rend ou rendrait *profitable* le développement, la production de logiciel libre sur un marché, que cette situation existe ou que ses conditions ne soient pas encore réalisées. C'est en ce second sens qu'il sera question ici de modèle économique du logiciel libre. Tenir le plus grand compte de l'observation ne dispense jamais de penser les relations entre les différents acteurs, la dynamique de leurs intérêts et les aspects connexes des contributions : la rétribution.

La formule *free as in free speech, not as in free beer* est célèbre[12] : *libre ne veut pas dire gratuit*[13]. Toutefois, avec la diffusion de logiciels libres par l'Internet, une chose est très claire dans la pratique : la diffusion est, de fait, gratuite. On peut seulement espérer faire payer *une fois* l'accès au code source, ou s'employer à décourager les acheteurs de diffuser le logiciel.

Un logiciel libre est gratuit une fois qu'il a été payé. C'est sa production qui a un coût. La valeur d'un logiciel libre n'est évidemment pas dans le prix de l'accès mais dans l'effort qu'il a fallu pour le produire.

L'économie du libre n'est pas un marketing du gratuit

> « L'économie du logiciel libre est d'abord un modèle d'innovation, d'accumulation de la connaissance et de recombinaison des savoirs et non pas une stratégie de marketing de type *offre gratuite de produits*. »
> [Foray and Zimmermann, 2002]

Certes, la rétribution qui motive la contribution peut être de la reconnaissance, de la notoriété, et pas seulement de la rémunération ; mais le découplage de la contribution et de la rétribution est (pour l'instant) très caractéristique du logiciel libre.

En d'autres temps on aurait trouvé cela étrange, injuste ou scandaleux : le signe d'une exploitation indue de l'homme par l'homme (à moins qu'il ne s'agisse d'une merveilleuse servitude volontaire).

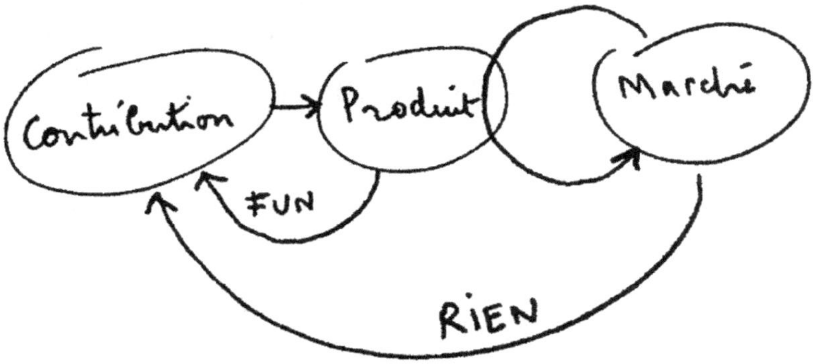

La rétribution réelle : bravo, merci, continuez !

Le siècle de l'information a commencé

> En 2004, le secteur des nouvelles technologies a dépassé financièrement le secteur de l'automobile. La production des outils permettant de produire, transporter et modifier l'information est cruciale. La maîtrise de cette production est déterminante. Autour de la question du logiciel ne se joue ni plus ni moins que la question du pouvoir dans le monde de demain.

Nous aurions donc affaire à un produit dont la production est magique, dont la diffusion est gratuite, et qui donne lieu à une économie de services. Pouvons-nous nous vraiment nous satisfaire de cette description ? Quelle est la formule magique de la déesse Ceridwen, qui explique que son chaudron produit une si riche nourriture ? [Raymond, 1999]

> *La défense du logiciel libre doit se tenir à des raisonnements économiques et pratiques – une meilleure qualité, une plus haute fiabilité, des coûts moindres et un choix plus diversifié. [Raymond, 1999]*

Ces arguments ne valent-ils pas pour les clients aussi ?

Si la description habituelle (création spontanée, économie de services) correspond à la réalité, le logiciel libre restera cantonné à quelques niches improbables et aléatoires, car on ne peut évidemment pas imaginer que la production logicielle dans son ensemble procède un jour de ce modèle. Regardons de plus près le mode de production.

Des développeurs rendent leur code disponible sur l'Internet. C'est le fait déclencheur. Éric Raymond explique *l'écologie des marchés des logiciels à sources ouverts* explicitement comme un système où chacun s'y retrouve.

> *Les développeurs écrivent du code et le rendent disponibles sur l'Internet. Chaque distributeur sélectionne un sous-ensemble du code disponible, l'intègre, l'empaquette et le revend sous sa griffe aux consommateurs. Les utilisateurs choisissent parmi plusieurs distributions, et ont toujours la possibilité de compléter une distribution en téléchargeant directement du code depuis les sites des développeurs. (...) Cette séparation claire a pour effet de créer un marché interne très fluide, encourageant les améliorations. (...) Dans son ensemble, l'écologie répond plus rapidement aux exigences du marché, et elle est davantage capable de résister aux chocs et de se renouveler en permanence que tout fabricant jouissant du monopole sur un système d'exploitation à sources fermés. [Raymond, 1999]*

Mais le jeu est plus compliqué qu'il n'y paraît. Non pas parce que personne ne joue le jeu, mais parce que chacun joue *son* jeu. Si d'un point de vue de Sirius, dans son ensemble, cette écologie est meilleure, les rapports entre les trois acteurs sont plus complexes qu'il n'y paraît, et ils seront amenés à changer encore.

Avec l'hypothèse, au demeurant peu coûteuse, que chacun cherche son intérêt et le comprend à mesure de mieux en mieux, nous commencerons à comprendre vers quoi tendent ces relations.

1

Le hacker, le marchand et le client

Trois personnages vont entrer en scène successivement : le hacker bénévole, le marchand d'open source et le client mutualiste. Il est important de comprendre et de reconnaître qu'ils n'ont pas les mêmes intérêts.

Examinons tous les acteurs et les ressorts de leurs comportements, afin de comprendre ce qui peut amener à généraliser ce comportement décrit plus haut par Éric Raymond : « Les développeurs écrivent du code et le rendent disponibles sur l'Internet. »

Les trois formes de l'intérêt

Il y a (au moins) trois formes très différentes de l'intérêt :

1. la reconnaissance (gratuit parce que gratifiant) ;
2. l'espérance de gains ;
3. le souci de faire des économies.

Ce sont ces trois formes de l'intérêt qu'on retrouve derrière les trois types d'acteurs du logiciel libre : les communautaires, les industriels, et les clients.

Gratuit parce que gratifiant

Un contresens fréquent[14] consiste à nier qu'on puisse œuvrer efficacement sans rémunération, par passion. Même si on a raison d'observer que le gratuit masque souvent en informatique les coûts cachés des logiciels sur mesure – à façon, il faut observer que le goût du *fun* produit de fort belles choses ! Des millions de gens consacrent plusieurs heures par semaine à une passion, s'adonnent à un hobby, font vivre une association. N'oublions pas que l'arche de Noé a été fabriquée par un amateur et le Titanic par des professionnels.

Ainsi serait-il ridicule de nier que le goût du jeu ou de la création puisse être un ressort puissant de l'action efficace.

L'espérance de gains

Mais il est non moins ridicule de croire en retour que le *fun* peut tout produire. À maturité, l'économie du logiciel libre ne consistera pas à vendre du service sur du logiciel qui continuerait à être produit par des amateurs passionnés et farouchement bénévoles. Le changement d'échelle fait exploser en vol cette illusion.

Il y a d'autres formes légitimes d'intérêts. On ne vit pas seulement de *fun*, d'amour et d'eau fraîche, et l'on peut rêver légitimement de manger autre chose que des pizzas. Celui-là même qui se passionnait pour telle activité bénévole aura peut-être un jour l'ambition de payer un loyer. Vouloir gagner sa vie avec son travail n'est pas totalement indigne et méprisable, surtout si ce travail est socialement utile.

Le souci d'économie

Ajoutons-y une autre forme de l'intérêt, celui que l'on trouve dans la dépense économique : l'optimisation de la dépense. Nous verrons que ce souci apparaîtra d'abord dans la sphère de l'argent public.

Distinguer ces trois formes d'intérêt suffit à être beaucoup moins surpris devant les conflits qui agitent le monde du logiciel libre. Les trois personnages, qui sont les trois moments de cette histoire, incarnent ces trois formes de l'intérêt, qui vont devoir apprendre à cohabiter.

Où s'arrête la convergence d'intérêts ?

Ceux qui programment pour le *fun* ont une attitude ambiguë vis-à-vis de ceux qui veulent gagner de l'argent : ils peuvent à la fois les encourager ou les mépriser. À ceux qui voudraient faire des économies avec les logiciels libres, il s'agit aussi de tenir deux discours en un : un discours de solidarité avec l'entreprise, et un discours de solidarité avec le client.

Le hacker et le marchand sont des alliés lorsqu'il s'agit de dire au client que libre ne veut pas dire gratuit ! Et le client a alors la désagréable impression que le nerf de la guerre vient de ses poches ou de subsides émanant de généreuses fondations. Il aimerait bien pourtant faire des économies.

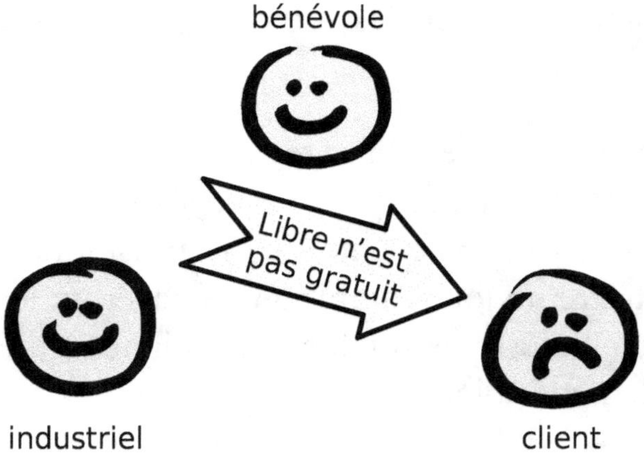

Libre n'est pas gratuit.

Le marchand et le client (fût-il mutualiste) sont des alliés lorsqu'il s'agit de défendre le marché comme quelque chose de sérieux. Le bénévolat ne suffit pas quand il faut vendre de la garantie et de l'assurance, lorsqu'il faut faire de la tierce maintenance applicative.

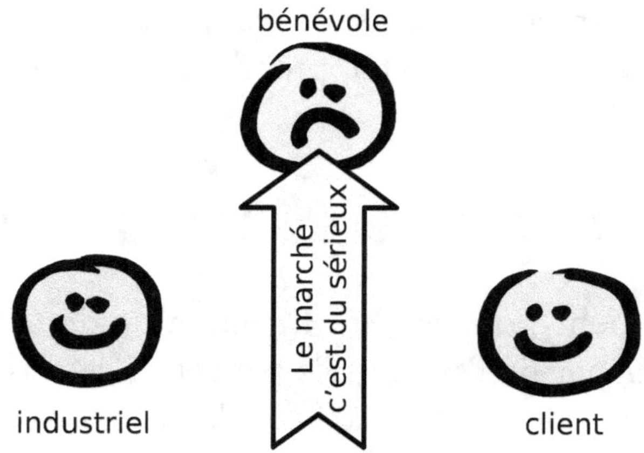

Le marché, c'est du sérieux.

Vous sauriez, vous ?

Comment convaincre un directeur informatique que s'il a un souci,
il n'a qu'à contacter *bambi* sur #irc ?

La solidarité entre l'amateur et le client se traduit par l'encouragement prodigué aux entreprises de *donner avant de recevoir*, l'encouragement de ne pas se comporter comme des coucous ou des crocodiles.

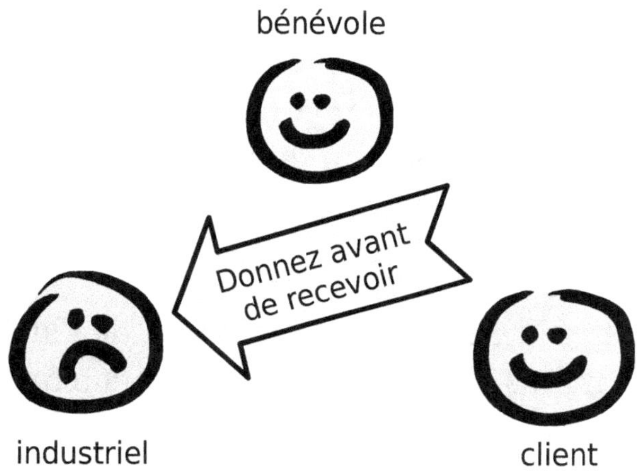

Donnez avant de recevoir.

Si vous ne savez pas quoi faire...

Il serait intéressant d'étudier plus en détail ces trois attitudes et leurs relations. Patrick Sinz a écrit un délicieux texte sur le fast-food[15] qui semble furieusement parler d'autre chose... vous en jugerez.

Dans un but pédagogique, il serait utile que quelqu'un écrive une saynète avec trois personnages : le hacker bénévole (et son inséparable pizza), le marchand d'open source (avec son chapeau haut de forme et son gros cigare), et le client mutualiste (avec son code des marchés publics sous le bras).

Les logiciels métier : là où s'arrête la convergence d'intérêts

Lorsque ce cercle vertueux a commencé à tourner, emporte-t-il tout ? Non.

Qui a intérêt à écrire des logiciels métier libres ? Soit le modèle n'est pas fait pour fonctionner jusqu'au bout (et il faut se résigner à ce qu'il n'y ait jamais de logiciels libres métier), soit la description en est incomplète.

Le mouvement open source a fait prendre conscience aux industriels de l'opportunité du code ouvert. Cela a consisté à étendre et déplacer la production en code ouvert à un nouveau domaine de l'informatique : celle que les industriels bâtissent en vue de produire des outils pour leurs clients : le domaine du *middleware*.

Disposant de briques en open source, il est/sera de l'intérêt des entreprises d'empêcher (ou au moins de retarder le plus longtemps possible) le troisième moment : celui qui concernera une autre informatique, celle des logiciels *métier*. Du moins tant qu'il sera encore rentable de bâtir des solutions à façon pour des clients isolés. Cela dépendra de la conscience qu'ont les clients de leurs possibles marges de manœuvre et des conditions du marché engendrées par cette conscience.

Éric Raymond propose d'ailleurs[16] une classification des logiciels qui montre que la cohabitation pourrait à son avis durer longtemps entre les codes ouverts et les codes fermés, et qu'elle est peut-être perpétuelle. L'éditeur n'a intérêt à ouvrir son code que lorsqu'il modularise et pour profiter des effets de réseau.

> *Pour donner un exemple de ce cas extrême, au début de l'année 1999, une entreprise qui écrivait des logiciels pour optimiser la longueur des planches extraites de coupes des troncs pour des scieries m'a demandé : « Devrions-nous passer en sources ouverts ? » Ma conclusion fut « Non ».[17]*

Mais nous n'en sommes plus là. Aujourd'hui ce sont les scieries qui se demandent : « Aurions-nous intérêt à disposer de logiciels métier libres ? »

Les effets de réseau sont en train de se répandre chez les clients eux-mêmes, et la modularisation vient sur les logiciels métier.

> L'architecture SOA[18] porte en elle des transformations très grandes pour l'informatique. Jusqu'à présent, les logiciels libres ont parfois tendance à imiter les logiciels propriétaires pour en être l'*équivalent libre*. Sur les logiciels métier, l'architecture orientée services va introduire des changements considérables dans le système d'information. Nous n'en sommes qu'au début.

Assez de travail non payé !

Modernité de Marx

> Le cœur de la critique marxiste du capitalisme était cette part de *travail non payée* que représentait le profit. Les modernes regardent dans ce profit ce que *gagne* le Capital à offrir du travail à ceux qui en demandent. Dans le monde du numérique, beaucoup observent que chacun peut/doit devenir l'acteur de sa propre activité, ce qui correspond à la vieille notion de *profession libérale*. Mais touchant le logiciel libre, ce n'est pas seulement une *part* de travail non payé...

Les modèles économiques habituellement présentés pour le logiciel libre ont pour inconvénient fréquent d'oublier le *travail* de celui qui *code* effectivement, au profit de la considération du produit. La production du code serait un effet de bord. Il ne faut pourtant pas négliger le « périphérique » qui se trouve entre la chaise et le clavier. On peut même soupçonner que l'informaticien ait paradoxalement à perdre dans un modèle qui risque fort de l'exploiter et de lui ôter son initiative.[19]

22

À moins que cette menace ne soit que transitoire, pour peu qu'on aille *jusqu'au bout* de l'évolution. C'est en affrontant la question du *modèle économique* que l'on pourra comprendre ce qui menace l'être humain, réduit à l'état de *prolétaire* du développement informatique, payé à coder ce qu'il aurait envie de coder autrement, ou condamné à fournir un *travail non payé* dont d'autres tirent insolemment profit.

Le logiciel libre n'est-il donc que l'exploitation des *effets de réseau* (le *crowdsourcing*[20]), un *interim 2.0* ?[21]

2

Comprendre dans la durée : métastabilité du logiciel libre

Ce chapitre présente des outils conceptuels simples pour comprendre l'arrivée du logiciel libre, afin d'être en meilleure situation pour agir.

Il présente une chronologie plutôt que de simples modèles statiques, avec les résistances et accélérations identifiées, et sans aucun doute une maturation de l'écosystème.

Plusieurs analogies ou paradigmes sont utilisés pour comprendre le phénomène du logiciel libre. Ils ne permettent pas de comprendre la logique spécifique de son économie. Après les avoir rapidement présentés, nous introduirons un nouveau modèle : celui de la métastabilité, afin de comprendre les trois moments successifs qui ponctuent l'arrivée du logiciel libre.

Les analogies à dépasser

La tragédie des communs

La surexploitation des communs conduirait à leur disparition. L'histoire humaine serait une pulsation, un cycle. Les hommes ont besoin de mettre en commun pour être plus efficaces, mais dans l'incapacité dans laquelle ils sont de gérer correctement ces communs, ils les abîment et l'histoire recommence... Les hommes ont besoin de mettre en commun...

Garret Hardin a publié un article désormais célèbre sur la surexploitation de ces communs : *La tragédie des communs*[22]. Il y est dit que fatalement, sauf à recourir à des systèmes de contraintes fragiles, la surexploitation des communs conduit à leur disparition.

Quel rapport avec le logiciel libre ?

La « tragédie des communs » pose donc un réel défi à l'accès libre et aux logiciels ouverts : en effet, si l'on accepte de traiter ces domaines comme équivalents à, disons, une forêt, on aboutit à la conclusion que la seule façon de traiter ces biens de manière optimale pour tous consiste justement à ne pas les placer en accès libre et à les gérer en restreignant l'accès et l'utilisation par le prix. Mais dans le cas des biens informationnels, la beauté de la chose, évidemment, c'est que la consommation d'un bien informationnel ne le détruit pas ; au contraire, en l'utilisant, j'en renforce l'existence, en quelque sorte, j'en assure une multiplication plus poussée et je renforce le rôle culturel de ce bien. L'argument de la « tragédies des communs » ne s'applique donc plus à ce genre de

> *bien et perd en fait l'essentiel de sa pertinence : au final, l'applicabilité ou non de l'argument portant sur la « tragédie des communs » donne un critère extrêmement utile pour distinguer biens matériels et biens informationnels. [Jean-Claude Guédon, Rencontres Mondiales du Logiciel Libre de Dijon, 2003]*

Les communs numériques ne risqueraient pas de disparaître car l'herbe numérique peut être broutée sans avoir besoin de repousser. Les communs numériques sont inépuisables. Ainsi, la partie perdue dans le monde des choses peut-elle l'être dans le monde du numérique ?[23] Nous sommes ici surtout sur le terrain du droit[24], même si Éric Raymond affronte cette question sur le terrain de l'économie, n'hésitant pas à parler de *communs inversés :* « L'herbe repousse plus haut quand elle est broutée. »[25]

Si cette analogie indique (1) que le numérique est par nature (et donc par destination) de l'ordre des communs, et (2) que la tragédie des communs ne s'y applique précisément pas, elle ne permet pas pour autant de décrire comment organiser le semis, la culture initiale et la mise en partage de cette herbe magique.

La coopétition

Ce mot de coopétition[26] désigne le comportement des acteurs qui sont à la fois rivaux et partenaires.

Dans leur livre, *Co-opetition*[27], Brandenburger et Nalebuff décrivaient à partir de la théorie des jeux l'avantage qu'il peut y avoir à coopérer avec ses concurrents.

Ce paradigme décrit bien le comportement des acteurs dans des situations très mobiles, où les règles changent souvent et où, faute de coopération, on est hors-jeu. Le monde du logiciel libre se présentant avant tout comme une méritocratie où les acteurs s'imposent par leurs compétences techniques, leur habileté à gérer des conflits ou leurs capacité d'anticipation, au sein d'une communauté qui est traversée par des idéaux généreux et de grandes ambitions individuelles, un univers que l'on décrit tantôt comme régi par la sélection naturelle et tantôt par le souci d'aider son voisin, il était naturel que le concept de coopétition soit utilisé pour décrire cet univers.

Mais la coopétition n'est pas spécifique au logiciel libre. Elle est davantage un effet de l'ignorance des règles du jeu que la règle elle-même.

La coopétition est le résultat de l'intérêt bien compris. Les concurrents font à la fois la même chose (car ils sont concurrents) et en même temps tout autre chose (ils veulent tous la victoire). Ils ont pourtant intérêt à faire ensemble le plus longtemps possible. Ainsi les sportifs, concurrents, s'entraînent-ils ensemble jusqu'au bout.

Les informaticiens ont intérêt à chercher ensemble la meilleure solution. Les industriels ont intérêt à bâtir ensemble, en mutualisant les coûts de R&D, les solutions qu'ils iront porter ensuite séparément sur le marché.

Le sait-on : c'est dans les domaines les plus concurrentiels (la pétrochimie et l'avionique) que les formats ouverts sont les plus développés. La concurrence fait rage, mais justement... parce qu'ils ont les mêmes sous-traitants et qu'il faut pouvoir capter ceux de l'autre, ils ont intérêt à avoir des procédures très proches.

De même, les clients, qui sont d'une autre manière concurrents, peuvent avoir intérêt à acheter ou à faire ensemble.

Ayant affaire à des biens analogues à *des automobiles dont les copies roulent aussi*, il est logique dans un premier temps que tout soit fait pour interdire leur production, leur circulation, afin de protéger le système de production ancien. Mais, tout bascule par des jeux de coopération entre concurrents, et on passera ensuite à une économie de valeur ajoutée.

L'analogie avec l'athlète

L'analogie avec les athlètes[28] permet probablement d'approcher un peu la mentalité de ces étranges personnages[29]. Görling fait observer que la relation entre le monde du sport amateur et le monde du sport professionnel n'est pas simple. Cette analogie mériterait d'être approfondie. Il serait intéressant de considérer de plus près, à propos du logiciel libre, non pas seulement la distinction entre les professionnels et les amateurs, mais la relation entre ceux qui *paient de leur personne* (les *hackers bénévoles*), ceux qui tiennent boutique, et dont le commerce dépend des premiers, et ceux de qui dépend tout le reste, et parmi eux ceux qui paient leur place pour rentrer dans le stade : les clients, sans compter les droits de télévision...

> *Le spectacle du monde ressemble à celui des jeux olympiques : les uns y tiennent boutique ; d'autres paient de leur personne ; d'autres se contentent de regarder (prêté à Pythagore, Cicéron, Tusculanes, V).*

L'analogie avec le sport est féconde car il y a dans les deux cas beaucoup de passion, d'argent et de discours, une relation pas si simple entre les amateurs et les professionnels, et de la valeur qui se fait *autour*.

Mais si cela permet de comprendre un *moment* de l'histoire de l'informatique, pour ce qui est de la psychologie des acteurs, cela ne permet pas de comprendre la relation à l'objet qui est produit dans le cas de l'informatique : le logiciel.

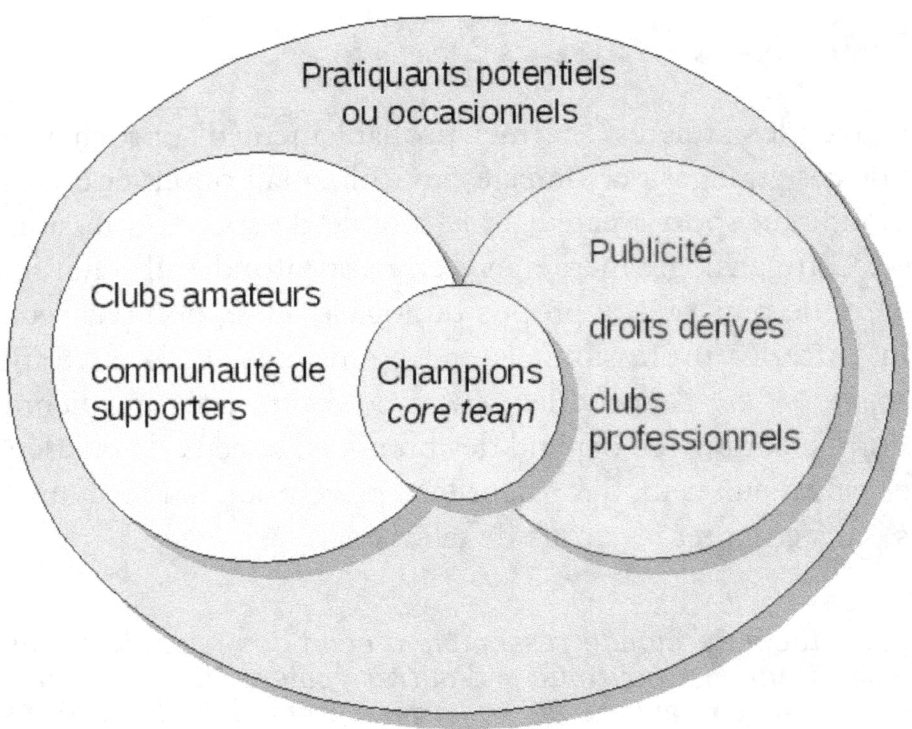

L'analogie avec le sport

Comprendre dans la durée...

Changeons de perspective en introduisant le temps. D'abord de manière générale : nous assistons globalement au passage du *péage* à la *libre circulation* sur le logiciel. Le logiciel devient, dit-on, une *commodité*. Mais il ne suffit pas de le dire, encore faut-il comprendre comment sa production peut s'organiser. Nous verrons cela ensuite, en montrant les trois moments de cette transformation. Trois acteurs, trois intérêts, et trois informatiques entrent progressivement dans le jeu, et indiquent finalement le sens de cet écosystème.

De la rente à la valeur ajoutée : péage ou libre circulation ?

Comment comprendre qu'on en vienne à donner ce qui par ailleurs s'achète ? Comment est-il possible que la même fonction puisse être remplie d'un côté par un objet onéreux et de l'autre par un objet gratuit ? **La valeur qui était dans la chose passe dans ce que l'on fait avec la chose.**

Pour reprendre l'exemple des voitures dont la copie roule aussi : l'économie se déplace de la production des voitures à leur adaptation.

Le plus souvent (cela s'est produit pour la connaissance et l'espace public), une gestion collective de biens communs (par un État, par exemple) permet de sauter d'un monde à l'autre et de créer de la valeur à un autre niveau. L'âge féodal a été un âge de *ponts propriétaires*, avec des péages partout (il y avait d'autres biens communs). Viendra plus tard un moment où on passera librement sur les ponts, où il sera finalement plus rentable de laisser passer librement sur les ponts que de freiner la circulation par les péages. Il faudra donc financer les ponts autrement.

Si cela permet de comprendre l'intérêt qu'il y aurait à une informatique de commodité comme instrument de création de valeur à un autre niveau, cela ne résout pas notre problème touchant la production des logiciels. Car il faut bien que quelqu'un ait intérêt à construire les ponts avant de laisser passer les gens dessus. Quitter l'âge féodal, ce n'est pas changer de suzerain, c'est changer de souveraineté... et inventer une autre manière de payer les ponts ! C'est la circulation de la valeur autour de la production du logiciel qu'il faut repenser.

Métastabilité, ou le logiciel libre comme acteur de changement

Il est donc indispensable de trouver un modèle, un paradigme, permettant de comprendre les aspects proprement économiques. Même l'analogie avec le sport était encore statique : le public peut se mettre au sport et l'amateur peut devenir professionnel, mais il y a toujours des sportifs, des amateurs et un public. Ce qu'il nous faut comprendre dans le cas du logiciel est d'une nature différente : l'idée même du sport change, en raison des relations qui évoluent entre les acteurs du modèle.

Ce n'est pas seulement un changement au sein d'un système, mais un changement *de système*. Pour parler comme Watzlawick, ce n'est pas un changement 1, mais un changement 2.[30]

Le paradigme de la *métastabilité* est de nature à déplacer la question sur le terrain du *mouvement*. Il suffit d'avoir joué aux billes pour comprendre cette idée de métastabilité : la bille dans le pot est stable, mais on peut la faire sortir de son trou.[31] Le monde du changement est d'ailleurs ainsi : toute stabilité d'un point de vue est métastabilité vue d'un autre point de vue : toute stabilité est *locale*.

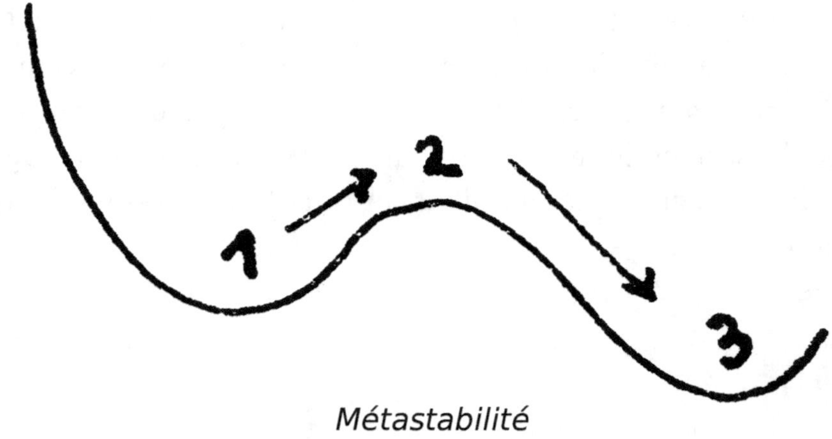

Métastabilité

La bille finira par descendre... lorsque le moment sera venu. On peut aussi prendre l'image du torrent. Il peut être bloqué quelque part. L'eau montera, et finalement emportera l'obstacle qui l'empêchait de passer et sur laquelle elle s'est appuyée pour monter.

On utilise de préférence le terme de métastabilité pour décrire des systèmes où il y a plusieurs niveaux de stabilité *orientés* : il est possible de passer d'un état stable à un autre état plus stable, mais le retour est plus difficile.[32]

L'intérêt de ce modèle sera de montrer comment on passe d'un état à l'autre en passant un cap. En attendant, les domaines que concernent ces états doivent être décrits.

Il y a trois informatiques

Derrière l'*informatique* se cachent des réalités bien différentes dont les transformations sont interdépendantes. Si on considère les aspects fonctionnels et les dépendances, il y a trois informatiques. (1) Une informatique pour informaticiens, qui s'occupe des réseaux et des systèmes, (2) une informatique qui bâtit du middleware sur les outils et les standards définis par la précédente. Il s'agit là aussi d'une informatique pour informaticiens, mais dont c'est plutôt le métier, et qui visent à satisfaire le besoin de quelqu'un d'autre. Il y a enfin (3) une informatique *métier*. Elle est utilisée par des gens dont l'informatique n'est justement pas le métier.

Pour le dire autrement, il y a :
1. les infrastructures générales (l'urbanisme – la rue du cordonnier) ;
2. les infrastructures d'applications
   (l'architecture – l'échoppe du cordonnier) ;
3. les applications (l'équipement – ses outils).

Pour le dire encore autrement (c'est une analogie boiteuse, mais parlante) : les matériaux de base, les matérieux intermédiaires, préfabriqués, et les produits finis. La terre et le ciment, les briques, les maisons.

Jolie définition

> Qu'est-ce qu'une *brique* logicielle ?
> C'est du soft dur.
> (Jean-Pierre Barbéris, Bull)

François Horn[33] proposait (en reprenant la théorie des mondes de production de Salais et Storper) d'analyser l'économie des logiciels :

> *(...) comme étant fondamentalement marquée par la coexistence permanente de quatre mondes de production, qui reposent sur l'existence de conventions différentes, centrées sur un type de produit, et constituant des réponses différenciées aux questions critiques de l'économie du logiciel, à savoir la productivité dans la production des logiciels, la fiabilité des logiciels produits, et l'adéquation aux besoins des utilisateurs. [Horn, 2001]*

Il distinguait :

1. le monde des logiciels sur mesure ;
2. le monde fordiste des logiciels standardisés ;
3. le monde de la production flexible (combinaison des deux premiers) ;
4. le monde de la création (celui des logiciels libres co-développés avec des utilisateurs qui ont les mêmes besoins).

Cette classification suppose (et observe) une *coexistence permanente*. Il était très probablement impossible d'apercevoir le caractère diachronique du phénomène d'adoption du logiciel libre en 2000[34] ou 2001.

Les études sur le logiciel libre

> Rétrospectivement, on s'apercevra qu'il y a eu trois périodes pour les études sur le logiciel libre/open source.
>
> 1. Les premières se sont attachées à le faire connaître, à en signaler l'existence et la *possibilité*.
> 2. Les secondes ont tenté de lui assigner une place, un segment, un rôle, une *fonction*.
> 3. Aujourd'hui, force est de constater sa *nécessité* partout : le logiciel libre n'est plus une manière parmi d'autres de produire du logiciel, ce sera bientôt la seule !

Globalement, l'adoption du logiciel libre par ces trois mondes (les couches basses, le middleware et les logiciels métier) est *successive*.

> *Le développement/la maturation de l'open source part de l'infrastructure (Linux, Apache...) et « monte » vers l'applicatif (Evolution, Plone...) [Sig, 2006]*

Cette maturation est aussi la maturation d'acteurs différents ! La première étape pourrait s'appeler *free software*, la seconde *open source*, la troisième étape n'a pas encore de nom, *la chose est nouvelle*, nous y sommes.

L'Adullact, créée dès 2002 sur cette intuition, appelle *libriciels* ces logiciels libres d'un genre nouveau : les logiciels libres métier produits par des clients coalisés.

Éric Raymond décrit[35] comment l'écosystème à code ouvert *peut* se répandre dans telle ou telle zone du marché de l'informatique. À l'inverse : le modèle diachronique proposé ici n'est pas un modèle *à épanchement continu et opportuniste*, mais un modèle à basculements, basculements qui s'opèrent quand la digue cède, irréversiblement.

Le premier basculement a eu lieu avec les communautés d'industriels. Nous sommes en train de vivre le second basculement : des communautés de clients sont en train de s'organiser pour piloter le développement de logiciels métier : *les scieries se coalisent* (allusion à l'exemple de logiciel métier que prend Éric Raymond dans *Le chaudron magique*[36]).

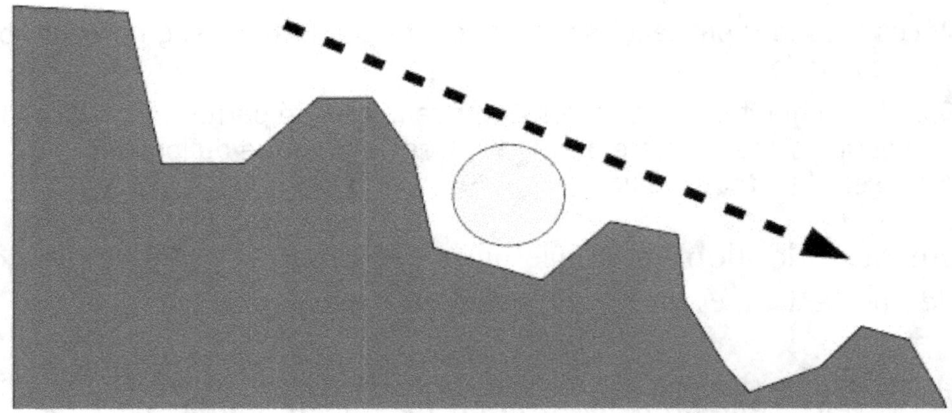

Le passage des cols

Inventaires habituels : les modèles de revenus

Dans l'ensemble, les typologies qu'on présente des modèles économiques étaient jusqu'à présent *synchroniques*. On distingue simplement des familles de stratégies (produits, services, produits dérivés, etc.).

Les premières analyses fouillées sont celles d'Éric Raymond, dans *Le chaudron magique*[37], et celles de Franck Hecker[38]. Ce qui s'est fait depuis affine, reprend et précise.

Fait nouveau : une classification récente[39] mentionne et prend au sérieux le modèle de la mutualisation que la plupart ne signalent même pas. Fabernovel distingue quatre genres de *business :*

- le modèle de service ou de valorisation indirecte (cas de l'édition) ;
- le modèle de valeur ajoutée (vente de garantie) ;
- le modèle de double licence (discrimination des utilisateurs) ;
- la **mutualisation** (mais la gouvernance – offre ou demande ? n'est pas examinée. On tient pour évident que c'est l'entreprise qui doit piloter la mutualisation).

On commence enfin à s'intéresser à l'articulation organique entre la production du code et l'économie du logiciel libre. À répéter que l'économie du logiciel libre consiste à faire du business *autour* du logiciel, on en oubliait de se demander par quel miracle le logiciel existait. Qu'il y ait du business à faire avec du code existant ou qui semble naître de nulle part était intéressant... mais si nous croyons que l'informatique libre est autre chose qu'une niche et qu'elle va devenir l'informatique tout court, il faut se concentrer sur ce point : quelle économie de *logiciel libre* peut assurer le financement de la production de logiciel sans *investissement,* ou du moins sans investissement qui chercherait un retour en remettant en question le caractère libre du logiciel ?

Certains[40] ont vu que la demande pouvait jouer un rôle majeur en *sélectionnant* les organisations industrielles. Ce qu'on constate aujourd'hui, c'est que la demande ne se contente pas de ce rôle et investit le domaine du pilotage des projets métier.

Considérer la demande comme sélection est encore une présentation synchronique (même si la sélection se fait à travers le temps) qui est conduite fatalement à négliger, d'une part le hiatus entre contribution et rétribution (entre autres la question du *travail non payé*), et d'autre part le fait que les opportunités de mutualisation chez les clients transforment irréversiblement les relations entre les acteurs.

Comprendre aussi les modèles de coûts !

En outre, présenter des modèles de revenus dispense souvent de présenter les modèles de *coût*. Or c'est pourtant l'essentiel de cette nouvelle manière de développer !

Il faut sortir des images (ou bien les faire parler !) : celles de ces gentilles abeilles bénévoles, généreuses, toujours désintéressées, qui travaillent jour et nuit sur le code en mangeant des pizzas, répondent gracieusement sur les forums et se répartissent joyeusement les bugs, tandis qu'industriels et clients tirent profit ensemble du bon miel open source. Il ne peut pas y avoir d'analyse économique du logiciel si on n'affronte pas l'essentiel : il y a un modèle de coût, mais ce ne peut être l'investissement !

> *Les logiciels libres déplacent l'industrie du logiciel vers un nouveau paradigme : d'un développement du code derrière des portes closes et délivrant des exécutables aux clients, à un développement du code qui est partagé, modifié et redistribué de manière ouverte. Les bénéfices clés associés à ce déplacement sont la réduction des coûts de développement, la réduction de la complexité des composants, le développement de commodités réutilisables, la flexibilité et l'utilisation de standards. [Haddad, 2007]*

Comment faire fortune avec du gratuit ?

Les descriptions des modèles existants permettent pourtant à celui qui veut se lancer dans l'*open source* de comprendre comment il peut y *réussir* voire faire fortune. Qu'il soit ou non l'auteur du logiciel importe peu d'ailleurs : l'essentiel est qu'il repère un client qui est prêt à acheter du service sur un produit qui répond à son besoin.

Critères de choix d'un logiciel libre

Dans le choix d'une solution informatique dans le monde propriétaire, les critères habituels sont la notoriété ou la solidité de l'éditeur ou du prestataire (ses références) et la couverture fonctionnelle du produit s'il est connu en amont. Quels sont les critères de choix dans le cas d'un projet libre ?

- Critère technique : qualité du code (conception, normes), respect des standards, degré de modularité, dimension des composant. Autrement dit, la possibilité d'évolution de la couverture fonctionnelle et d'intégration au système d'information.
- Indice de maturité : taille de la communauté, réactivité du support, base d'utilisateurs de la solution.
- Indice de pérennité : nombre, vivacité, origine et qualité des contributeurs (actuels ou potentiels).
- Indice de concurrence : nombre de prestataires proposant du service ou de la garantie directe ou indirecte.

Trouvez un client et un produit, et faites-les se rencontrer ! C'est le modèle de service.

Des tactiques de l'open source

Donner davantage confiance dans ce produit peut consister à investir dans une version particulière pour la pousser (1) il peut être plus intéressant de consacrer du temps-homme dans la participation au projet lui-même, afin de très bien le connaître et de vendre ensuite de la garantie dessus (2). Recruter ensuite les membres de la *core team* du projet. Utiliser un système à double licence (3) peut permettre de passer les premiers caps difficiles, rassurer les banquiers et certains clients[41].

De ce point de vue, l'économie de l'open source n'est pas du tout une économie exotique. Son business apparaît comme un business d'*opportunité*[42] car il repose principalement sur un solide sens de l'observation de l'évolution des produits et de l'évolution des usages. C'est alors une question de vitesse : il faut être le premier, et conserver son avance en sachant changer de cap à bon escient. Ce n'est pas une économie du bulldozer, mais du papillon. Les présentations des modèles économiques du logiciel libre sont donc très souvent écrites avec une encre teintée d'envie et d'admiration, et procèdent par *success stories*[43].

Ces présentations sont donc le plus souvent des typologies synchroniques : des classifications qui ne se préoccupent pas du temps, de l'ordre d'apparition des situations, mais seulement des formes que prend la relation économique au logiciel libre, sans souci de comprendre (faute d'y croire vraiment peut-être) comment ce modèle peut devenir *le* modèle de développement.

Il y a des flux manquants...

La typologie *synchronique* la plus intéressante est peut-être celle du livre blanc de Smile[44]. Elle distingue quatre types d'acteurs : les fondations, les distributeurs, les éditeurs et les prestataires (de support ou d'intégration), et les flux (de prestations, de code source et d'argent) entre ces différents acteurs.

Présenter ces flux en un seul schéma (synthèse de trois schémas séparés dans le livre blanc de Smile) permet de voir la bizarrerie : il n'y a quasiment pas de flux d'argent remontant des entreprises au système présenté comme *produisant* le code. Soit il y a du code qui se produit ailleurs, soit il y a des flux d'argent masqués, soit il y a du travail non payé.

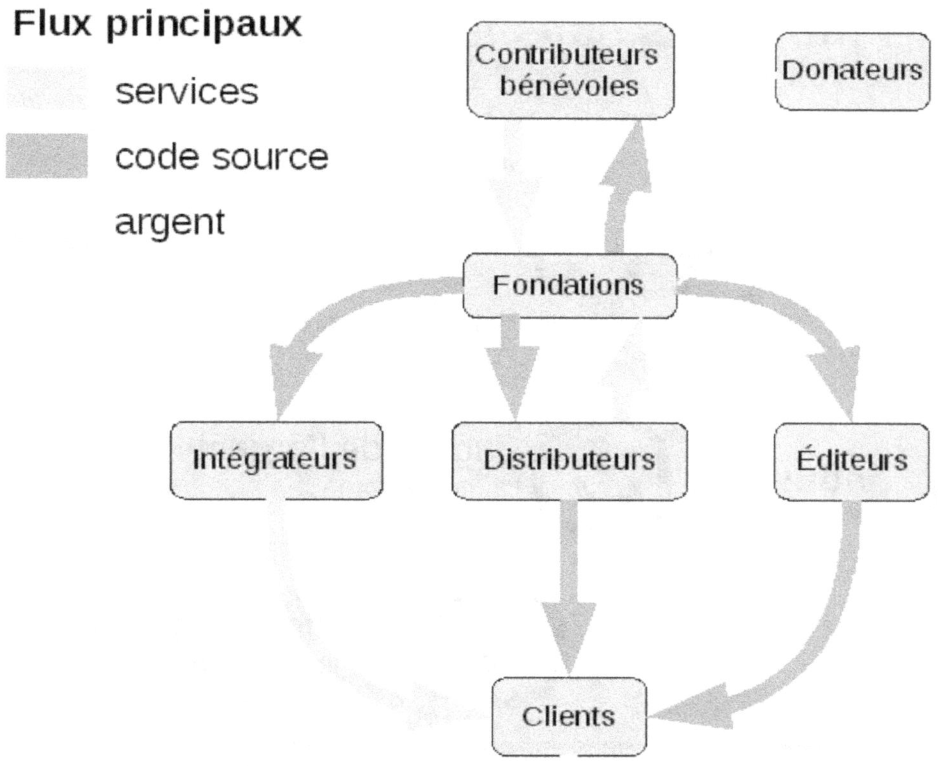

Les flux de prestations, de code source et d'argent (d'après Smile)

Or, de fait, il y a les trois. (1) Beaucoup de code se trouve dans les entreprises et se produit en dehors du circuit apparent de l'open source, les modifications réalisées pour les clients sont rarement redéposées ; (2) parmi les contributeurs apparemment *bénévoles*, certains sont en fait employés par des entreprises ; (3) il n'y a quasiment aucun système de rémunération, même indirect, de la matière première.

Les trois moments dans leur succession

Retrouvons nos trois informatiques pour décrire en termes d'intérêts la chronologie de l'arrivée du logiciel libre.

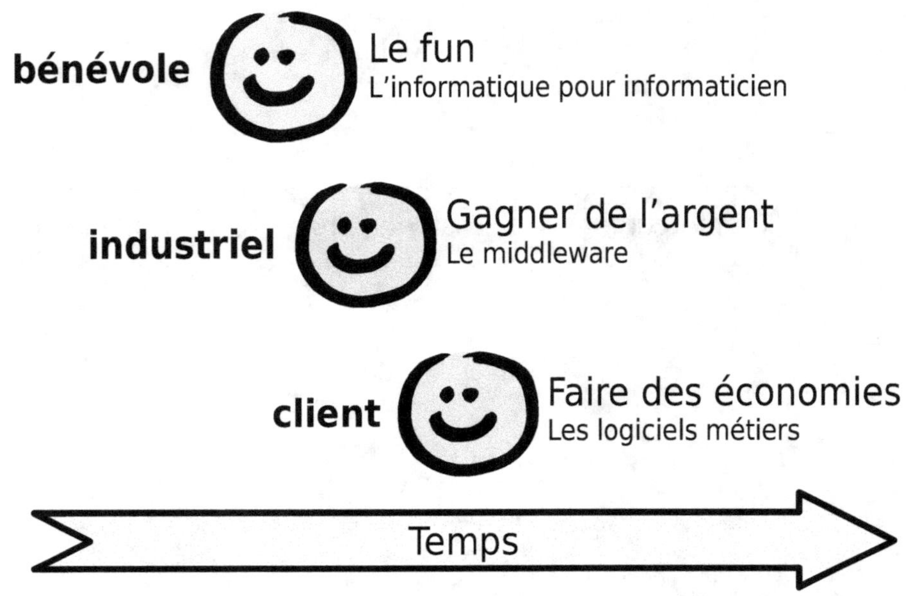

Trois intérêts, trois informatiques, trois moments

L'informatique pour informaticiens

La première posture est bien connue. Le premier moment correspond à l'informatique pour informaticiens et à la forme de l'*intérêt-reconnaissance*. C'est le *free software*. Ce n'est pas un modèle économique à proprement parler, car c'est un modèle qui n'a pas besoin d'un contexte marchand pour produire du code.

> Le projet Debian est un exemple très remarquable d'une communauté qui a atteint une taille critique telle que sa pérennité est assurée hors d'un contexte marchand.

L'informatique propriétaire a fait son temps. Peut-être était-il nécessaire pour financer les *ponts logiciels,* de mettre des péages à chaque pont. Ce n'est même pas sûr, mais ce n'est pas le sujet.

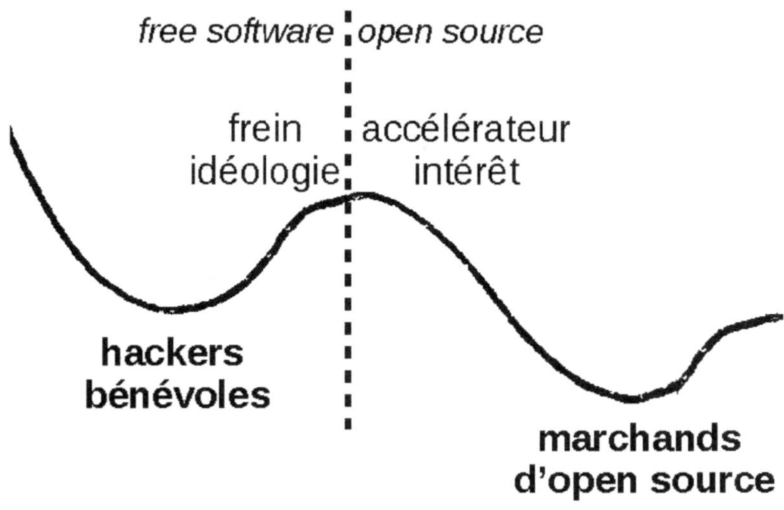

Exemple de métastabilité

De fait, tout pousse très tôt à bâtir une économie reposant sur l'*usage* de commodités logicielles. C'est l'informatique des débuts. Un temps étouffé, ce mouvement se réveille puissamment dès que les capacités de réseau lui laissent libre cours, comme ce fut le cas au moment où l'Internet s'est ouvert. Le logiciel libre s'est donc développé dans le monde non marchand, comme un réseau de gués, à marée basse, pour échapper aux péages. La voie est libre.

Le logiciel libre peut ensuite descendre dans le monde marchand à deux conditions : qu'il présente un intérêt et cesse de rebuter. L'image très idéologique peut commencer par heurter les industriels, et il leur faut aussi comprendre où est leur intérêt sonnant et trébuchant. Une fois passé ce cap, le chemin est sans retour (ce qui ne veut pas dire que tout ira pour le mieux entre les deux mondes).

Quand un cap est passé, cela change à la fois ce qui était et ce qui est désormais : on est dans un devenir. Ce qui n'était que possible (et que certains disaient impossible ou non souhaitable) est devenu effectif. Il faut faire avec.

Ce modèle de la métastabilité est diachronique : il se déploie dans le temps. Les différentes situations économiques qui impliquent le logiciel libre se présentent successivement comme des postures, qui sont liées à des états de ce déploiement dans le temps.

L'open source

À l'extrême fin du XXe siècle le mouvement open source se développe autour de deux arguments principaux : il s'agit d'une part de séparer l'ouverture du code et l'idéologie qu'elle semble véhiculer nécessairement (parce qu'elle risque de freiner son adoption par les industriels) et d'autre part de montrer *l'intérêt*, le caractère rentable de son adoption. C'est à cette tâche que va s'atteler Éric Raymond, l'auteur de *La cathédrale et le bazar*[45]. Progressivement, à base de *success stories*, la confiance et l'adhésion de l'industrie arrivent.[46] Plutôt vite.[47]

Nous sommes aujourd'hui devant le col suivant. Les industriels sont en train d'adopter rapidement le modèle de développement *open source* dans le domaine des logiciels d'infrastructure pour lesquels ils mutualisent l'investissement en R&D. Continuant à chercher leurs clients en ordre dispersés, les industriels n'ont pas changé pour autant de métier.

Les logiciels métier libres

Le principal effet juridique du logiciel libre est de **séparer la solution de la prestation**. Par exemple, s'il en existe, vous choisissez la solution qui satisfait le mieux vos besoins[48] et vous faites jouer la concurrence sur le service... si elle existe ! C'est en particulier très utile dans les marchés publics.

Pour passer le second col : un frein et un accélérateur. Paradoxalement, l'idéologie qui était un frein pour les industriels dans l'adoption du code ouvert, devient un accélérateur pour passer ce second col, en particulier pour les acteurs publics, qui sont les premiers parmi les clients à vouloir mutualiser par la demande, persuadés qu'il sont que « l'argent public ne doit payer qu'une fois ».

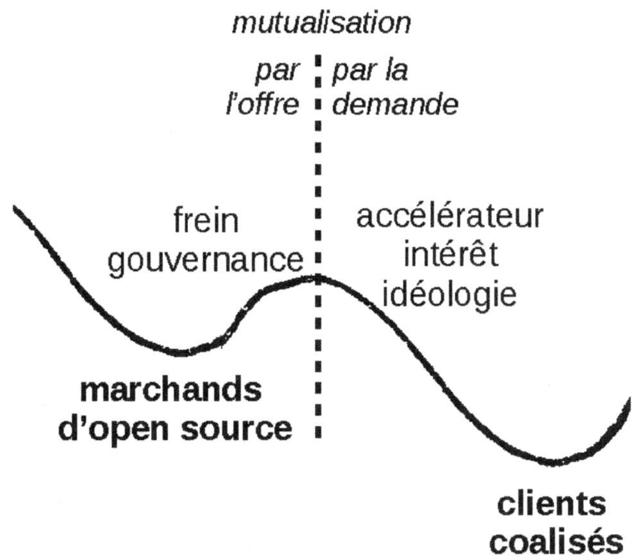

Les deux mutualisations

En revanche la difficulté va résider dans la *gouvernance*. Ce fut d'ailleurs le thème de la table ronde Adèle de Solution Linux 2008.

Les clients ont eu tendance dans la période précédente à externaliser leur informatique et il leur répugne de devoir reprendre aujourd'hui la main sur leur informatique métier, car la mutualisation par l'offre réalisée par les éditeurs de progiciels leur a finalement profité, puisqu'ils sont grâce à cela sortis du *spécifique*. Ce n'est que forcés à reconquérir leur indépendance, dans une situation de clients captifs, qu'ils cherchent à inventer des manières de piloter eux-mêmes les applications métier. Si on en juge par les efforts nombreux pour imaginer la gouvernance à ce niveau, nous sommes en train de passer ce deuxième col. Les lignes de fractures héritées subsistent : entre les communautés et les industriels, entre les clients et leurs prestataires. C'est le moment crucial.

Tableau des cinq modèles

Nous proposons de décrire par ce tableau[49] l'arrivée du logiciel libre. Il permet de comprendre la situation respective des différents modèles économiques dans ce développement, au sein de populations différentes. Certains modèles sont transitoires, instables.

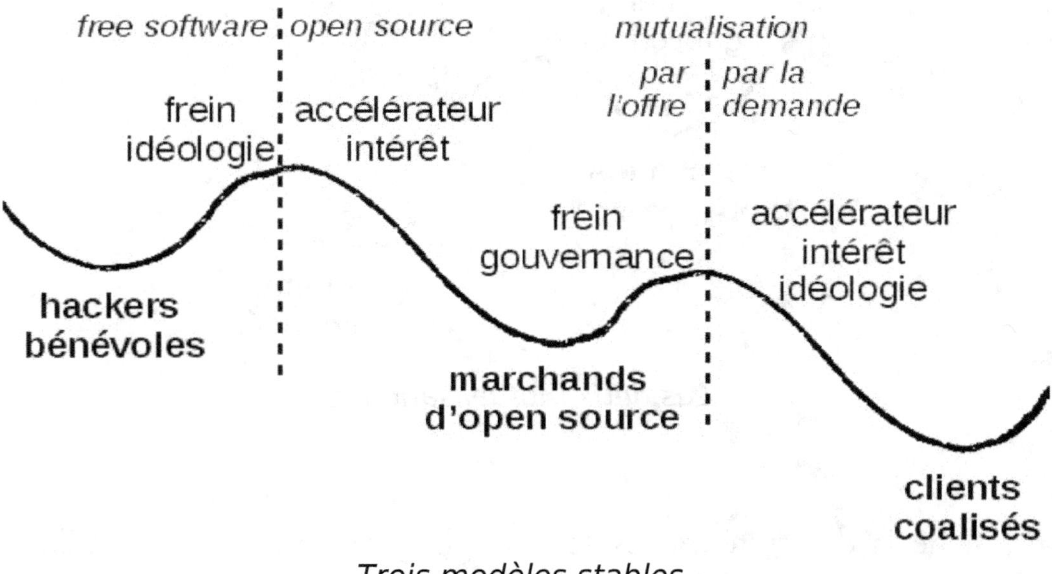

Trois modèles stables

Les modèles stables sont nés dans une période où la communauté suivante n'existait pas encore : ils survivent à l'émergence de cette communauté. À l'inverse, c'est souvent au prix de concessions et de grands écarts avec le logiciel libre que les modèles transitoires commencent et continuent d'exister.

Trois intérêts, trois communautés

Il y a trois espèces de communautés, parce qu'il y a trois formes de l'intérêt. Il y a des communautés reposant sur le *fun* et la reconnaissance, des communautés reposant sur le partage des coûts pour un espoir de gain plus grand (ce sont des communautés de marchands) et des communautés de clients qui veulent partager les coûts dans le but de faire des économies.

Trois modèles stables donnent lieu à de la production effective de code libre, réutilisable et ouvert : le modèle communautaire, la coopération entre industriels et la coopération entre clients coalisés : tous les trois renvoient à des communautés. Le modèle *hybride* et le modèle *éditeur* sont des modèles de transition.

Le tableau des cinq modèles

	Type	Motivations	Segments	Modèle économique	Avenir
1	Modèle communautaire pur	Fun Intérêts indirects	Applications réseau, niches diverses	Bénévolat R&D ouverte	Mathématiques
2	Modèles hybrides communauté-entreprise	Cesser de manger des pizzas la nuit	Applications réseau et middleware	Vous travaillez gratuitement, je touche l'argent	Les versions Communaity avancent plus vite
3	**Mutualisation par l'offre**	**Économies d'échelle**	**Middleware**	Classique : **investissement/retour sur investissement**	Modèle solide sur les architectures soutenues par les intégrateurs et les constructeurs
4	Modèle « éditeur open source »	Travailler avec un club d'utilisateurs	Middleware Applications métier complexes	Classique : investissement/retour sur investissement	Tôt ou tard rattrapé par la concurrence
5	Mutualisation par la demande	**Séparation entre solution et prestation**	**Applications métier**	**Investissement coopératif**	En émergence partout chez les acteurs publics

3

Les cinq modèles successifs

Il existe cinq genres d'économies du logiciel libre.
Elles apparaissent successivement. Trois sont stables
et correspondent à un partage des efforts, des coûts
et des ressources au sein d'une communauté, deux sont
instables et sont transitoires.
Des conflits d'intérêt et des frictions complexes
se produisent fatalement entre les acteurs.

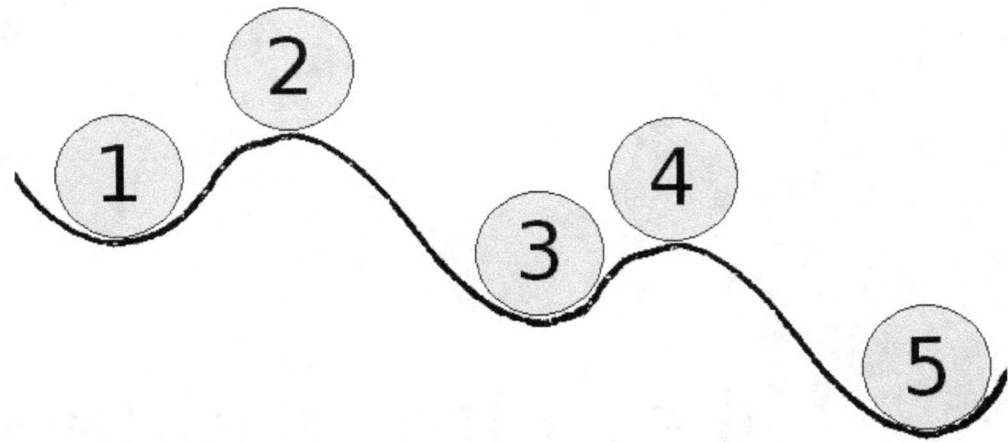

L'arrivée du logiciel libre

Le modèle communautaire d'individus

Désigner par *modèle économique stable,* un modèle non marchand est paradoxal. Il nous semble raisonnable de le définir globalement par deux traits : d'une part l'intérêt des acteurs est la reconnaissance, de soi ou des autres — le *fun,* d'autre part le domaine qui est concerné est dans l'ensemble celui de *ses propres outils*, ceux qu'on utilise ou qu'on est content de développer gratuitement pour les autres.

Pour décrire ce stade, ce *moment*, l'analogie la plus parlante est celle des mathématiques. Les mathématiques ont commencé par être propriétaires. Pythagore interdisait à ses disciples, les *mathématiciens,* de divulguer théorèmes et démonstrations aux *acousmaticiens*, novices qui devaient se contenter de paroles oraculaires, poèmes ésotérico-mathématiques permettant probablement de résoudre des problèmes avec des recettes mais pas de produire par eux-mêmes des mathématiques. Avec le miracle grec, les philosophes ont *libéré* les mathématiques. Hippase de Métaponte, le pythagoricien qui trahit, a révélé le grand secret : il n'y a pas de secret, tout le monde peut faire des mathématiques !

Ce furent ensuite, on le sait, des amateurs qui développèrent les mathématiques. Descartes et Fermat étaient des amateurs. L'amateur, c'est celui qui aime, il n'est pas nécessairement moins compétent que le professionnel.

Les quatre libertés du logiciel libre sont les libertés dont nous disposons tous depuis vingt-cinq siècles avec les mathématiques libres. Chacun peut utiliser librement les mathématiques, les copier librement, les étudier librement, les améliorer et les diffuser librement.[50] Nous le sentons tous, les mathématiques doivent être libres et gratuites, mais il semble y avoir pourtant un modèle économique *dessus*.... Les professeurs, les ingénieurs, etc. vivent des mathématiques, qui sont libres.[51]

Le droit d'auteur protège les *expressions* et non les idées.

La convention de Berne

> L'article 2 de la Convention de Berne (Paris, 24 juillet 1971) dit : Étendue de la protection au titre du droit d'auteur – *La protection au titre du droit d'auteur s'étend aux expressions et non aux idées, procédures, méthodes de fonctionnement ou concepts mathématiques en tant que tels.*

La disparition du libre échange des logiciels est ressentie par nombre de chercheurs et développeurs comme une atteinte au fondement même de l'élaboration de la connaissance. Pour mieux comprendre ce sentiment, on peut s'appuyer sur un résultat de logique de H.B. Curry et W.A. Howard, dit isomorphisme de Curry-Howard, qui énonce une identité de nature entre les preuves mathématiques et les algorithmes informatiques. La notion mathématique de proposition ou de théorème correspond, au travers de cet isomorphisme, à celle de spécification pour les programmes. On imagine la frustration des mathématiciens si on leur disait tout à coup que les théorèmes sont une propriété privée, qu'il faut payer pour avoir le droit de les utiliser et que, en outre, les preuves étant secrètes, ils doivent donc faire confiance à la société qui les vend, tout en spécifiant qu'elle ne saurait être tenue pour responsable des erreurs éventuelles.
[Bernard Lang[52]]

Le copyleft permet au moyen du droit d'auteur de produire des effets assez proches de la situation des mathématiques : *constituer un patrimoine commun.*

La diffusion « aider son voisin »

> La diffusion par les réseaux (ou sous le manteau) a été aussi utilisée par les logiciels propriétaires. Curieusement, alors que certains produits étaient très bien protégés contre le piratage, certains l'étaient moins. Bizarre...
> [Arno*, 2000].

Dans les années 1990, le shareware s'est ainsi développé pour éviter les intermédiaires créateurs de logiciels et leurs utilisateurs qui freinaient le marché. Avant l'arrivée d'Internet, à l'époque des BBS[53], les effets de réseaux permettait d'assurer déjà aux logiciels de qualité de se faire connaître sans marketing.

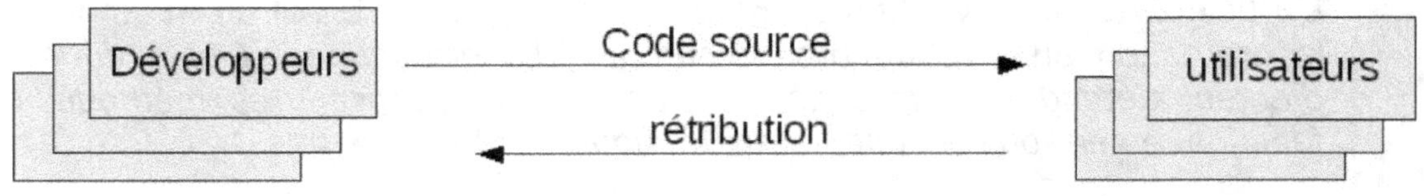

Supprimer les intermédiaires ?

Si quelques-uns (très peu) des développeurs de shareware ont gagné un peu d'argent, l'immense majorité des créateurs n'a pas reçu le moindre sou en rétribution de sa proposition d'*essai gratuit*. Les utilisateurs *essayaient* gratuitement tous les jours le logiciel... en particulier dans les pays latins ou en Asie. Il est à remarquer qu'un frein puissant au micro-paiement est la mobilisation requise de la volonté autour d'une décision d'achat d'une valeur dérisoire. Curieusement, ce frein joue moins lorsqu'il s'agit de *participer*.

> En *permettant* à l'utilisateur de *contribuer*, on obtient de meilleurs résultats qu'en le contraignant à *rétribuer*.

C'est en fait par une autre voie que le logiciel libre est né. Il s'agit certes d'une nouvelle manière de vendre du logiciel, mais surtout d'en produire : collaborative et ouverte.

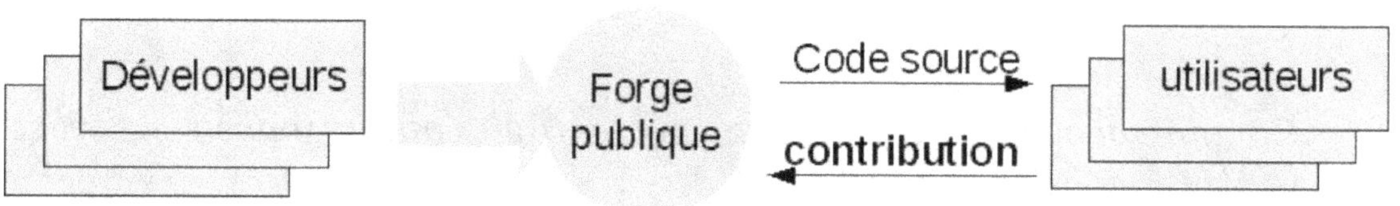

La magie des forges

Avec le logiciel libre, la séparation entre développeurs et utilisateurs (qui subsiste lorsque le code est fermé) semble disparaître : une communauté d'échange naît.

> *Dans les conversations sur les produits open source, il est assez fréquent d'entendre : « la communauté est une ressource utile pour les utilisateurs de produits open source » ou « la communauté décide quelle fonctionnalité est réellement importante », ou encore « la communauté open source estime... », le reste de la phrase étant l'affirmation d'une vérité universelle. La communauté est réellement un paramètre clé du succès du mouvement open source. Les développeurs collaborent de manière décentralisée à la conception de produits. Certains utilisateurs peuvent être utiles pour un conseil, un support technique ou encore de la formation. [Golden, 2004a] , voir aussi [Golden, 2004b]*

Mais en y regardant de plus près, on s'aperçoit que la division entre développeurs et utilisateurs s'est en fait déplacée : ce qui est essentiel (c'est-à-dire là où portent les conflits) est la *roadmap*, ou *feuille de route* du projet. Cette *roadmap* est la *direction* dans laquelle les administrateurs du projet veulent l'emmener. Sans doute les utilisateurs peuvent-il demander des améliorations. Mais en réalité le vrai pouvoir est là : décider de se lancer dans telle direction plutôt que dans telle autre. D'autant que les contributeurs actifs au sein d'un projet ne sont pas si nombreux que cela (le code source d'un projet de plusieurs centaines de membres peut n'avoir été écrit pour l'essentiel que par dix développeurs). Seuls ceux qui disposent d'un droit en écriture sur le code (et ce droit se mérite) ont un réel pouvoir sur l'évolution du projet.

Commit access is a privilege, not a right, and is based on trust.
(FAQ de la fondation Apache)

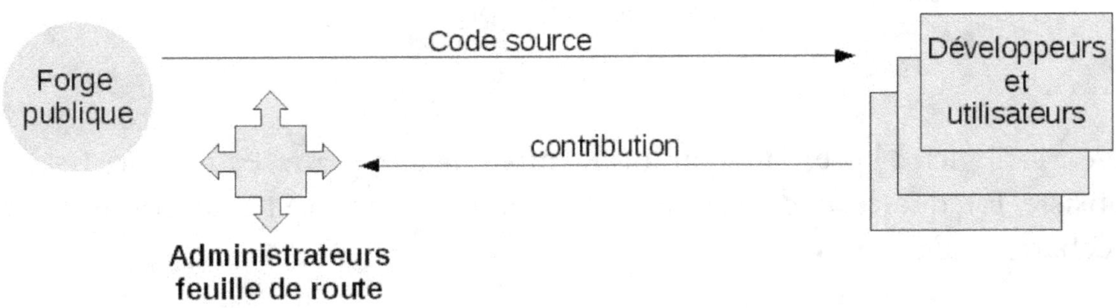

Le pouvoir au sein d'un projet libre

C'est tellement vrai que certains projets en viennent à dire aux utilisateurs : « si vous voulez vraiment que tel bug qui ne nous paraît pas prioritaire à traiter soit traité, achetez le travail » : ce sont les *bug bounties*.

Les bug bounties

Nom d'un programme (2004) de la fondation Mozilla : « Nous avons développé le programme *bug bounty* pour encourager et récompenser les membres de la communauté qui identifiaient les bugs dans le logiciel », déclare Chris Hofmann, directeur de l'ingénierie à la fondation Mozilla. En fait, le système peut fonctionner dans les deux sens : pour encourager les utilisateurs à trouver les failles, et pour encourager les développeurs à les réparer...

Mais même dans le cas où un utilisateur est prêt à payer pour telle ou telle amélioration, il n'est pas du tout acquis que sa demande soit acceptée par une communauté. Il trouvera toujours quelqu'un (pour peu qu'il le paie) pour lui faire le travail, mais rien n'assure que le projet réintégrera ces fonctionnalités dans le projet général. Il peut toujours faire un *fork* (bifurcation), c'est-à-dire se couper du tronc principal du projet. C'est même un droit essentiel dans le logiciel libre, mais il risque de se couper en même temps de la richesse du tronc commun. On le voit : souhaiter une fonctionnalité nouvelle et pérenne dans un logiciel libre ne semble pas facile.

Le cas d'Agora

Le fork de Spip, Agora, par le Service d'Information du Gouvernement français, illustre bien la difficulté qu'il y a à apporter une contribution financée dans une communauté a priori non marchande, via un prestataire. Derrière ce qui a semblé être (1) une querelle autour d'une roadmap (vos besoins ne sont pas nos besoins pour l'instant), (2) une dispute technique (php objet ou pas objet) et (3) un problème de gestion de communauté [Didier Demazière, 2006], se profilaient aussi des stratégies d'entreprises souterraines au sein d'une communauté.

Pour être écouté, il faut contribuer activement au succès de la communauté.
Corinne Brunel [Bordage, 2005].)

La méritocratie technique ne pose pas de problèmes aux développeurs (ils comprennent très bien qu'on leur refuse un certain temps le droit en écriture sur le code, et ils en sont finalement très contents, de peur de faire des bêtises) mais les projets, à mesure de leur développement, font de plus en plus leur place à des non-informaticiens, qui traduisent, documentent, évangélisent.

> *Les simples utilisateurs ne sont pas des développeurs, ne connaissent pas les règles qui organisent la production de tels logiciels. Ils sont potentiellement des éléments perturbateurs à une telle organisation de production et ont une vision déformée des avantages concurrentiels des logiciels libres. [Jullien and Zimmermann, 2005]*

La méritocratie au sein de ces nouvelles populations ne relève plus alors de la compétence technique *pure* mais du *pur* pouvoir, du charisme et de l'ascendant psychologique, et de la capacité de vivre dans le conflit. Les personnalités qui émergent ne sont plus les mêmes que celles des développeurs initiaux, qui étaient le souvent discrets, humbles et efficaces.

Plus prosaïquement, la circulation de l'information autour du pouvoir (débats, attributions de droit, sanctions) peut avoir des effets psychologiques. On le sait peu, mais par exemple le projet Wikipedia n'est pas seulement un lieu d'une franche camaraderie et d'une joyeuse production collaborative. On y trouve de petits chefs et des mouches du coche, etc... **Dès qu'il y a du pouvoir, l'abus de pouvoir guette**. Il suffit de jeter un coup d'œil sur les pages d'arbitrage pour mesurer le temps qui est consacré à régler des conflits, qui sont en général des conflits de pouvoir. De manière générale, les systèmes de régulation mal définis conduisent fatalement à cela : il faut alors *combattre l'imprécision et le flou des règles, dont seuls les magouilleurs bénéficient*[54] surtout lorsqu'il s'agit de projets magnifiques comme Wikipedia !

Il existe encore trop peu de travaux sur la nature du pouvoir, implicite ou explicite, dans ces communautés[55]. *Celui qui fait décide*[56]. La sociologie du logiciel libre est encore principalement focalisée sur la *motivation* des acteurs[57]. L'apparente auto-organisation et la puissance des réseaux sociaux fascinent, il serait pourtant très urgent de considérer la question du pouvoir *au sein* de ces réseaux.

Les modèles mixtes ou hybrides

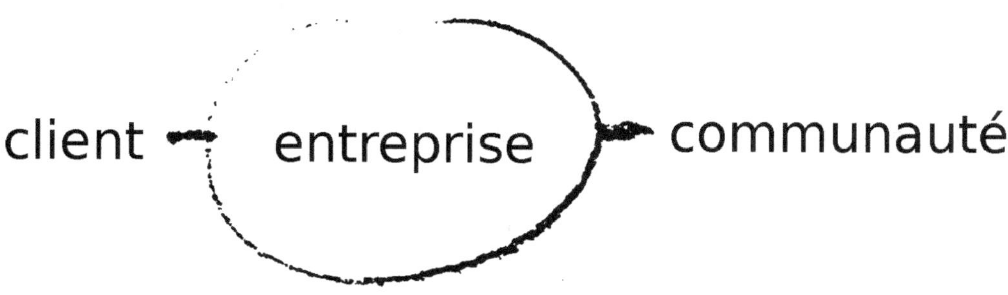

Tirer parti du travail des abeilles

On peut être passionné par ce qu'on fait et vouloir en vivre. Il s'agit alors de jouer sur deux tableaux[58] : celui de l'univers communautaire et celui du marché.

> On murmure qu'il y a des joueurs de foot amateurs qui ne refuseraient pas de devenir professionnels. Un moment intermédiaire, flou, est ce moment où des développeurs vont chercher à tirer profit de leur passion, tandis que déjà d'autres cherchent à tirer profit pour leur compte de ce que produit leur passion.

Cette figure illustre bien le grand écart : d'un côté le projet, dans un univers non marchand, avec une communauté d'abeilles, de l'autre le marché, où l'on vend le miel. Il n'y a rien de systématique dans l'inventaire[59] qui va suivre, et pour cause. C'est très pragmatiquement que chacun essaie de trouver une tactique. Mais l'essentiel est de trouver des abeilles et de faire son miel... et d'éviter que les abeilles ne se transforment en apiculteurs, et les mangeurs de miel en abeilles.

Les abeilles de la forge OSOR

> La forge européenne OSOR a mis des abeilles dans son bandeau, reprenant l'analogie entre le logiciel libre et le miel.

Les doubles licences

Un tactique très répandue consiste à utiliser un système de *doubles licences*[60]. Qui revient en fait à la gratuité pour les usages non commerciaux et à un paiement pour les usages commerciaux avec support, même si cela peut-être un paiement indirect, via un prestataire. C'est la séparation entre licence *community* et la licence *corporate*. Il s'agit *de fait* de discriminer entre les utilisations, même s'il est toujours loisible à l'utilisateur en situation professionnelle d'utiliser la version community, tout est fait pour l'en dissuader, et pour rendre difficile à un autre acteur de vendre du service sur la version gratuite. C'est une des manières de lier le service associé à l'utilisation d'un logiciel. Cela contente le client dit-on, qui a besoin d'acheter de la garantie, afin de savoir contre qui se retourner en cas de dysfonctionnement. Le monopole peut donc se déplacer, de la diffusion sur le service ! Car le client s'apercevra plus tard que la concurrence ne fait pas rage sur le service.

Les n-1 free software

Un autre tactique consiste à ne publier que le code de la version précédente du logiciel, en s'arrangeant pour que ses clients ne diffusent pas la version qui tourne chez eux.

Il peut y avoir de très bonnes raisons à cela. Un concurrent qui fait du mauvais travail peut donner une mauvaise image d'un produit. Pour redorer le blason de ce produit, il peut être utile de l'empêcher de faire trop de mauvais service sur la dernière version.

Dans le cas général, il s'agit de s'assurer un avantage concurrentiel sur le logiciel dont on est l'auteur. Cela ressort de tactiques diverses pour freiner d'une main la diffusion qu'on permet de l'autre en adoptant une licence libre.

Le service avec zéro-dépôt

La façon la plus simple de gagner sa vie *avec* ou *sur* du logiciel libre consiste à vendre du service. En général, cela produit très peu de code redéposé et réutilisable, dans la communauté ou ailleurs.

> Si c'est la construction des nids qui nous intéresse, pourquoi s'éterniser sur les coucous ?

Il arrive fréquemment qu'un développeur ait deux activités. L'une bénévole et passionnante, qui consiste à appartenir à une communauté ; l'autre professionnelle qui consiste à installer, paramétrer, régler et adapter le logiciel porté par cette communauté. À l'inverse de ce qu'on pourrait croire, ces deux activités ne sont pas si simples à concilier : du point de vue de son activité rémunérée il est important que les fonctionnalités publiées du logiciel ne la menacent pas (difficile de se tirer une balle dans le pied en écrivant un système d'installation automatique très simple dans le style « faites-le vous-même » qui dispenserait les clients de recourir à ses services). En même temps, il très utile de disposer en situation professionnelle d'un système d'installation automatique, mais qui ne supprime pas pour autant l'activité de service. L'activité de service (intégration, paramétrage, adaptation) donne alors rarement lieu à un dépôt. Un logiciel comme Spip est très simple à installer. Mais la maîtrise très fine des squelettes est une autre paire de manches. De même pour WordPress : l'installation est très facile, mais l'adaptation de thèmes et le choix des greffons adaptés à des besoins spécifiques requiert de l'expérience et des connaissances très étendues.

Il faut le répéter, le service donne rarement lieu à un dépôt de code. Le logiciel libre peut en un sens être considéré ici comme un *produit d'appel* pour du service. On ne risque rien à le libérer en amont, au contraire, cela augmente le nombre de clients qui auront besoin de service sur le logiciel. Ce modèle est opportuniste, mais n'est évidemment pas l'essentiel de l'économie du logiciel libre, précisément parce que la production du logiciel est supposée en amont et peu abondée en aval.

Les modèles hybrides sont instables

Être instable ne veut pas dire non rentable. Bien au contraire : il y a même beaucoup de business à faire pour ceux qui vont parvenir à se tenir, à surfer sur la vague qu'ils ont vu venir. Mais cela n'aura qu'un temps :

Open source is not a business model !

> Vient de sortir une étude du 451 group [The 451 group, 2008] « Open source is not a business model » qui doit décrire cela par le menu : montrant les affres de ces modèles hybrides. Ne disposant pas de \$3750 pour lire ce document, j'en suis réduit à des conjectures.
>
> *Open source is not a business model, but study about open source is !*

Rentrant un peu vite dans le monde de l'argent, le caractère libre du logiciel risque de n'être bientôt plus qu'un argument marketing. Celui-là même qui vomissait les monopoles se retrouve en situation de faire ce qu'il reprochait aux autres de faire[61] : tenter de garder le *monopole* non pas sur le logiciel (car il est libre) mais *autour* de lui.

Mais la version *community* risque bien de se développer plus rapidement que la version *corporate*. Qui achète StarOffice en dehors des marchés de services liés à Sun ? On ne parle plus que d'OpenOffice.org !

Il est pourtant possible de rebondir deux fois. À condition de ne pas s'arrêter dans son mouvement. Cela ressemble au triple saut.

Une erreur serait de craindre la concurrence : au contraire, celui qui constate que ses concurrents s'emparent de *son* produit pour leurs clients aurait tort de s'en affliger. Puisqu'il maîtrise le logiciel, il a tout intérêt à préférer vendre du support de haut niveau à ses ex-concurrents plutôt que de les affronter sur le terrain du contact direct avec les clients. Ce qui conduit à des dispositifs de double licence : du service délégué à des prestataires labellisés par la core-team[62], ou par une entreprise qui fait l'interface avec la communauté.

Une erreur serait d'ailleurs de vouloir à tout prix garder la maîtrise du code. Cela aussi n'a qu'un temps. Au lieu de cela, et pour éviter le *fork* hostile ou le développement d'un produit concurrent sur le même segment il est habile d'animer la communauté (et cela peut devenir un métier) en ouvrant au fur et à mesure la *roadmap* du logiciel à d'autres. On donne ainsi confiance aux clients dans la pérennité et la solidité du logiciel.

> *Maintenant supposons que cela commence à marcher et que comme ce marché devient juteux, des concurrents pourraient s'y intéresser. Que vont ils faire ? Exploiter le travail et vous concurrencer.*
> *Peut -être que c'est ce que pourraient faire quelques SSII. Mais là, ils vont avoir un problème d'expertise et de contrôle du projet. Tout d'abord, quel niveau de maîtrise du produit le fournisseur va-t-il réellement avoir ? Tout bon client va s'adresser directement à la source, à condition que cette source se fasse connaître et soit sérieuse. Au niveau du contrôle, la société tierce ne peut pas contrôler l'évolution du projet et cela est un désavantage majeur dans l'évolutivité de l'offre. Dans ces cas-là, une analyse montre que les sociétés de services vont plutôt avoir intérêt à passer des accords.* [Dubost, 2006]

Ces acteurs tendent naturellement à organiser autour du code un écosystème qui ira jusqu'à financer de plus en plus directement la production du code dont dépend leur activité de service. Il s'agit d'un phénomène de concentration par le produit.

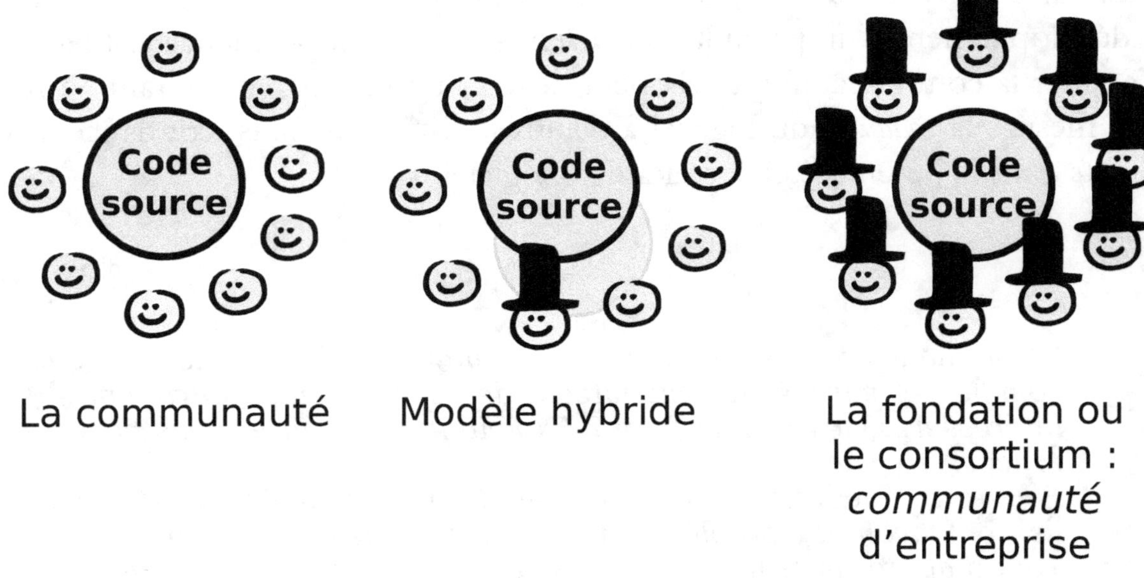

De la communauté d'individus à la communauté d'entreprises

Et on se trouve alors sur un modèle stable : celui de la *mutualisation par l'offre*. Cela pourrait s'appeler : une autre forme de *communauté d'intérêt*[63].

La mutualisation par l'offre

L'évident intérêt du logiciel libre pour les industriels est l'économie d'échelle que leur permet le partage d'une partie de leur poste *recherche et développement*. Plutôt que de réinventer la roue chacun dans son coin, ils ont tout intérêt à faire ensemble ce qu'ils feraient de toutes façons séparément. Et ils peuvent le faire tranquillement dans un domaine qui n'*intéresse* qu'eux : le domaine du middleware, par exemple des serveurs d'applications. Que les serveurs *Tomcat* ou *JBoss* soient libres ne change pas la vie de beaucoup de monde, car programmer une application dans ces univers n'est pas exactement trivial.

C'est en revanche très intéressant quand on veut rapidement prendre un marché en permettant à des entreprises de plus en plus nombreuses d'échapper aux licences des serveurs d'applications propriétaires et de gagner vite en compétitivité, en réactivité et en souplesse, vis-à-vis de leurs clients.

Apache, OW2, Qualipso, etc. sont des exemples de consortiums d'entreprises, même si en apparence le groupe Apache n'en est pas un.

> L'open source est devenu industriel, autrement dit : l'industrie de l'informatique devient communautaire.

Tous les grands groupes informatiques sont en train de s'organiser en consortiums. Ce qui se passe derrière ? une mutualisation de la R&D ! Même Microsoft se rapproche du consortium Eclipse pour des raisons d'efficacité technique![64]

C'est de l'informatique pour informaticiens, mais cette fois sur le marché. Il s'agit d'informatique pour entreprises d'informatique ou du *secteur IT*, qui *vendent* de l'informatique, du service autour du code.

Du point de vue du client, en particulier des grands comptes, ce marché ne change pas grand-chose : on lui dit que ses applications sont à base d'open source, qu'elles sont plus stables, mieux auditées. C'est *peut-être* un peu moins cher.

Une chose est sûre : la maturité est atteinte sur ce segment. Il suffit de regarder les références des serveurs d'applications libres pour s'en assurer.

Un créneau : le logiciel métier

> On s'imagine souvent qu'il suffit d'un peu de volonté (*politique*), et de claquer des doigts pour que magiquement *on passe au libre*. Mais il y a un hic : il n'y a quasiment pas de logiciels métier libres. Qui a intérêt à ce qu'ils existent, à part les clients ?

Dans les TPE et les PME informatiques, on s'avise alors que les besoins spécifiques des clients, dans les métiers, ne sont pas couverts par les logiciels libres disponibles sans lourdes intégrations. Et l'on se prend à rêver de devenir *éditeur de logiciels libres*.

La migration d'une entreprise ou d'une institution vers le libre ne consiste évidemment pas seulement à passer de Windows à Linux et d'Office à OpenOffice, comme beaucoup le croient naïvement ou certains le font croire perfidement. Les applications métier font très vite problème, et il faut trouver des solutions qui communiquent dans les domaines de la comptabilité, de la gestion de clientèle, de produits et de stock, du pilotage de chaîne de montage, de la logistique, des calendriers partagés et des synchronisations de flux, du calcul de résistance des matériaux, de la DAO : tous domaines où il commence évidemment par ne rien exister du tout en libre. Et pour cause : au début, personne ne voit l'intérêt de les développer ou de les partager. Ce début dure longtemps.

Dans l'imaginaire, il faut croire qu'une administration ou une entreprise doit être une hydre immense, peuplée de personnes assises sur des ronds de cuir devant un hygiaphone et ayant troqué très récemment une vieille machine à écrire *Underwood* pour un PC. On s'imagine probablement qu'il suffit d'un peu de volonté (probablement *politique*), et de claquer des doigts avec conviction pour que magiquement *on passe au libre*. Or les métiers sont très spécifiques dans les entreprises et très nombreux dans les collectivités (on en compte près de 250 dans une ville). Et les logiciels métier libres n'existent pas, et pour cause : personne n'a intérêt à les développer (ni même pour le fun, car la gestion de parcmètres, les inscriptions à la cantine, ou la répartition des concessions perpétuelles dans les cimetières ne passionnent pas les foules des programmeurs amateurs.

Par exemple, la *migration* d'une collectivité, quand il s'agit d'une grande ville, est une entreprise d'une complexité effarante. Il est amusant, de ce point de vue, de lire la mousse qui est produite autour des migrations espérées, supposées, retardées, etc. de Paris ou de Munich.

Par ignorance du contexte, à vouloir se contenter d'inviter à *utiliser* les logiciels libres, on cantonne sans le savoir (et on l'espère sans le vouloir) ces utilisations aux espaces publics numériques, aux écoles, à qui on donne *généreusement* ces logiciels gratuits, qui en plus font de la communication à bon marché. Quel épouvantable malentendu !

S'il existe désormais tout de même des *logiciels libres métier*, aucune logique ne préside tout d'abord à leur apparition : c'est bien plutôt le hasard, l'occasion, qui conduit un prestataire à convaincre un client qu'il pourra profiter des améliorations apportées et surtout payées par d'autres clients, s'il accepte de mettre le développement qu'il souhaite faire réaliser sous licence libre.

Ainsi peuvent naître des *éditeurs de logiciels libres*, expression paradoxale sans doute, mais qui recouvre pourtant bien une réalité. Le *club utilisateur* ou *club contributeur* peut fonctionner très bien dans ce modèle : mais là encore, cela n'a qu'un temps, et ces éditeurs vont se trouver plus ou moins rapidement devant le même problème que rencontrent les modèles hybrides : la concurrence sur leurs propres produits.

En attendant, l'éditeur, en tant que mainteneur peut jouer le rôle d'un *tiers de mutualisation*[65] et s'engage à ce que ses clients ne paient pas deux fois pour la même fonctionnalité. Les éditeurs de logiciels libres sont les premiers à avoir compris que la notion de *communauté au sens large*: « composée de clients, de développeurs et éventuellement de SSII »[66]. La relation change entre l'entreprise et le *club* utilisateur, désormais *club contributeur*. L'éditeur semble jouer le rôle d'un *mainteneur* professionnel, émanation de la communauté d'origine.

> *Le libre a donc trouvé son modèle basé sur des prestations de services. Un peu comme l'ASP, qui est une forme de prestation de services, les services autour du logiciel libre imposent à leur fournisseur une obligation de réussite, sans laquelle l'utilisateur cessera de payer, tout en continuant peut-être à utiliser le progiciel. Finalement, tout cela est plutôt positif pour le consommateur ? Qu'en pensez-vous ? [Nieuwbourg, 2006]*

Au début, tout cela est plutôt positif pour le consommateur, et en particulier dans le monde des serveurs, ou du décisionnnel dont Philippe Nieuwbourg est un spécialiste, et où le consentement à payer est entier parce que ce n'est pas l'existence du progiciel qui a une valeur mais la capacité de l'exploiter.

Un ERP (*Enterprise Ressource Planning*, progiciel de gestion intégrée), un ETL (*Extract Transform Load,* synchroniseur d'entrepôts de données) ou un CMS (*Content Management System*, gestion de contenu) ne sont pas des outils triviaux. Leur mise en œuvre requiert des compétences pointues, du paramétrage, de la formation. Si on ne dispose pas des compétences en interne, il faut les acheter, avec l'avantage de *séparer la solution et la prestation*, qui, faut-il le rappeler, est l'effet juridique principal du logiciel libre.

Sans doute le produit d'un éditeur open source peut-il être intéressant. **Mais c'est précisément de la relation éditeur-produit que le client entend se libérer** : il veut pouvoir mettre en concurrence les prestataires, or il ne trouve souvent qu'une entreprise (ou toujours la même entreprise derrière ses prestataires) pour supporter le produit open source. La situation de client captif, le phénomène de sa prise en ôtage du client par verrouillage du vendeur (*vendor lock-in*) menace aussi dans le logiciel libre.

Alors l'histoire doit-elle s'arrêter là ? Le logiciel libre ne serait qu'une manière simplement plus ouverte de produire du code, dont le pilotage mutualisé se professionnalise au sein de fondations, réunissant les grands de l'informatique mondiale, et laissant quelques niches d'opportunité ? S'agit-il simplement d'un déplacement de monopoles ?

Dans ce cas l'informatique terminale (les logiciels métier) resteraient massivement à l'écart de ce mouvement. Mais c'est compter sans la capacité des clients eux-mêmes à inventer tôt ou tard des formes de gouvernances pour leurs applications métier. **Le mouvement du logiciel libre ne s'arrêtera pas là. Il se poursuit déjà par la création de communautés d'utilisateurs professionnels, autrement dit... de clients.**

La mutualisation par la demande

OpenCimetiere

> Inutile de vous mettre à la programmation d'un logiciel de gestion de cimetières : c'est fait ! La ville d'Arles a développé OpenCimetiere, et l'a mis en partage sur la forge de l'Adullact : adullact.net, où toutes les communes et tous les prestataires qui le souhaitent peuvent le télécharger.

Pour le client, la liberté, même vis-à-vis de prestataires du logiciel libre, a un prix.

DÉFINITION Mutualisation

> Principe fondateur de l'assurance, basé sur la probabilité de survenance d'un événement, qui consiste à répartir entre les membres d'un groupe, soumis au même péril, le coût de la réalisation du danger qui pourra frapper certains d'entre eux.

Même si, dans l'ensemble, l'adoption du logiciel libre par les administrations d'État ou de collectivités a été longtemps considérée comme devant être une simple *utilisation* (l'utilisation est importante[67] mais ne peut suffire), l'erreur repose sur une grande ignorance de ce qu'est le système d'information d'une entreprise ou d'une administration : on ne peut *utiliser* que les logiciels qui *existent* !

Plates-formes de mutualisation : un mouvement d'ampleur

> Sur les plates-formes de mutualisation (sans rapport nécessaire au logiciel libre ici, on pourra se reporter à une étude récente, de 2008 (IRIS, OTeN) [Parmantier and Stéphane, 2008])

De l'utilisation au développement

Puisque personne ne développe de logiciels libres métier ou que peu *libèrent* les logiciels existants (parce que ce n'est pas *intéressant*, il va tôt ou tard s'agir de *faire exister* des logiciels qui n'existent pas encore. Il ne s'agit pas nécessairement de développer en interne, mais d'inventer des structures capables d'acheter du développement destiné à être partagé, et de piloter son évolution[68].

Il est sans doute très important (et symbolique) que les députés disposent d'un ordinateur sous Linux, mais beaucoup plus intéressant du point de vue du *développement* et du modèle de regarder du côté des logiciels de *gestion d'assemblée*. En Belgique, le Parlement de la Communauté Francophone a ainsi développé un logiciel, Tabellio[69] qu'il se proposait de partager avec d'autres parlements ! Que devient Tabellio ? Il est devenu une sous-communauté de PloneGov[70].

> La Région Île-de-France s'est lancée dans un ENT libre pour ses lycées. Les autres régions en profiteront lorsque les résultats en seront déposés sur la forge adullact.net pour la *communauté des* régions.

Il est probable que dans un avenir proche des projets soient mutualisés en amont et à grande échelle sur des besoins communs au sein des collectivités. À mesure que le logiciel libre sera mieux connu, au lieu de lancer des projets ici disparates et souvent redondants, les collectivités et les institutions publiques par strates, puis les entreprises par filières se mettront à *faire ensemble*.

Développement vs utilisation

> Au lieu d'appeler les acteurs publics ou privés à *utiliser* du logiciel libre chacun dans leur coin, il vaut mieux les encourager à *développer* ensemble ou/et à partager les applications métier libres dont ils ont besoin et qui n'existeraient pas sans eux.

Cet aspect est très méconnu. On ne compte plus les études sur le logiciel libre[71], et l'intérêt qu'il y aurait à l'utiliser, le soutenir et le promouvoir. Entre le ROI[72], TCO[73], l'impact du FLOSS et la place du libre dans les marchés publics, on ne compte pas les *observations*. Des projets d'observation de niveau européen ou mondial existent dans ce domaine : Calibre et Cospa.

La coopération entre clients dérange. Il est partout question de seulement construire un marché, il semble que la coopération à grande échelle entre les clients bouscule trop.

Le client est roi

> C'est celui qui met la pièce dans le juke-box qui choisit la musique.

Les clients s'avisent que la mutualisation qui profite actuellement aux industriels sur le terrain du middleware pourrait bien leur profiter sur le terrain des logiciels métier. L'idée naît naturellement et par symétrie d'une mutualisation par la demande[74].

Les débuts de cette volonté de mutualisation se manifestent d'abord dans le secteur public. Pour deux raisons : parce que les acteurs y sont moins concurrents que dans le secteur privé, et probablement parce qu'il s'agit d'argent public.

Les choses ont bien avancé et cette équation en particulier a fait son chemin[75].

$$argent\ public + mutualisation = logiciel\ libre$$

L'argent public ne doit payer qu'une fois !

Petit souvenir

> Un industriel de l'open source m'a dit un jour : « Tu devrais arrêter de dire partout que l'argent public ne doit payer qu'une fois ». Tu m'étonnes…

Un des phénomènes qui aide le plus à la prise de conscience chez les clients est le soupçon dans lequel ils sont de payer plusieurs fois la même chose, même en logiciel libre !

Imaginez deux clients de la même entreprise qui découvrent en conversant qu'ils vont payer quasiment le même développement, une amélioration d'un logiciel libre qu'ils ont demandée tous les deux. Ils n'apprécient guère. Je n'invente rien : outre que la situation s'est déjà présentée quasiment sous cette forme, des entrepreneurs envisagent tranquillement la chose comme une piste :

> *(...) comme les éditeurs propriétaires : développer une fois, revendre plusieurs fois => mais cela suppose que ni l'entreprise ni ses clients ne publient le code, du coup on perd certains bénéfices du modèle open source...*[76]

La situation dans laquelle les clients pilotent les projets métier peut paraître paradoxale, et pourtant elle est plus logique : ils connaissent le métier : c'est le leur ! Le pilotage de projet ne relève pas de l'informatique mais de la gouvernance.

Mieux vaut acheter que louer

> À fonctionnalités égales et pour le même prix, il vaut mieux acheter que louer, tout le monde vous le dira !

Nous n'en sommes qu'au début. Cela commence dans les services publics, parce qu'ils doivent autant que possible acquérir des bien pérennes, qui rendent indépendants, qu'on peut maîtriser et partager : des biens communs. C'est d'ailleurs la raison pour laquelle, à fonctionnalités égales il faut évidemment préférer du logiciel libre, parce qu'il y a un *bien de retour* !

PME/PMI : faites développer vos logiciels métier !

> Pour les PME/PMI : il semble que l'on se garde bien en ce moment de mettre en place ou d'encourager les structures de mutualisation capables de donner de l'indépendance aux métiers grâce à des solutions libres métier pilotées par les clients. Pourquoi ?
>
> L'objectif est-il de renforcer les sociétés de services *autour* des PME/PMI seulement, ou bien de renforcer les PMI/PME elles-mêmes ? Les chambres consulaires, chambres des métiers et chambres de commerces et d'industries seraient bien avisées de s'emparer de cette question et de faire développer des logiciels par filières. Tout le monde y gagnerait, et pas seulement quelques-uns !

Ce qui semble moins évident aujourd'hui le sera demain : lorsque nous avons les mêmes besoins, nous devons y répondre ensemble, et les faire évoluer ensemble, sans attendre qu'un éditeur veuille bien, daigne, nous *faire la grâce* de satisfaire à nos demandes... dans la prochaine version. Le fait que le code soit ouvert permet au club utilisateur de reprendre la main quand c'est son intérêt.

Les logiciels métier seront demain *pilotés* par ceux qui exercent ces métiers. On dit toujours que l'utilisateur est essentiel dans le logiciel libre. Eh bien justement, le client est un utilisateur, et le client veut reprendre le pouvoir ! Il semble que tout le monde ne veuille pas l'entendre.

> La vraie valeur ajoutée des éditeurs de solutions métier n'est d'ailleurs pas informatique mais technique et juridique. Ce changement de pilotage revient à une prise du pouvoir par le club utilisateur sur les aspects fonctionnels, mais il ne supprime aucunement le besoin pour l'utilisateur de recourir à une assistance technique ou juridique par exemple.

La chose est nouvelle. Et pourtant si on veut bien observer *de ce côté*, partout dans le monde, des États, des régions, des associations de collectivités s'engagent déjà dans le développement de logiciels métier. Cela va bien plus loin que leur simple usage de logiciels libres. Il s'agit de financer en amont, afin que la ressource soit librement accessible. Des chambres consulaires, des filères artisanales ou industrielles suivront sans doute très vite.

Ce déplacement du modèle de coût a déjà été observé dans les publications scientifiques. *Publication cost are research costs.* « C'est bien au chercheur – plus précisément à l'institution qui finance ses travaux – de supporter les coûts d'édition et de diffusion des résultats de recherche. La contrepartie immédiate est que l'accès aux données est libre »[77].

Ce qui a commencé avec l'argent public viendra bientôt sur les métiers en dehors de la sphère publique. Les boulangers s'organiseront pour piloter les logiciels dont ils ont besoin pour leur métier, les médecins ont déjà commencé. Ils rencontrent partout des résistances. Et parmi ces résistances : celles de ceux qui rêvaient d'être *éditeurs de solutions libres*. Oui, les client ont compris l'intérêt du logiciel libre... Trop bien ! Trop tôt ?

Il ne faut donc pas s'étonner des conflits, ce sont des conflits d'intérêts. Les choses sont en marche pour que cette logique aille à son terme, jusqu'au développement coopératif de logiciels métier.

Le métier de mainteneur

Signalons au passage, parmi les métiers qui vont se développer : *mainteneur*. Pour maîtriser la feuille de route d'un logiciel, il faut en être administrateur. C'est déjà un métier. On peut en vivre. Des administrations, des collectivités, pilotent elles-mêmes, parfois à plusieurs, le devenir de souches logicielles. Demain les entreprises clientes le feront.

4

Illustration par des projets

Les exemples de projets présentés ici sont un instantané
qui sera rapidement daté. S'ils permettent de confirmer
la distinction entre trois formes de communautés,
ils peuvent aussi servir à mesurer, à la relecture, ce que
sont devenus ces projets, et si leur destin confirme ou non
l'analyse générale de l'ouvrage.

Projets communautaires

La communauté Debian

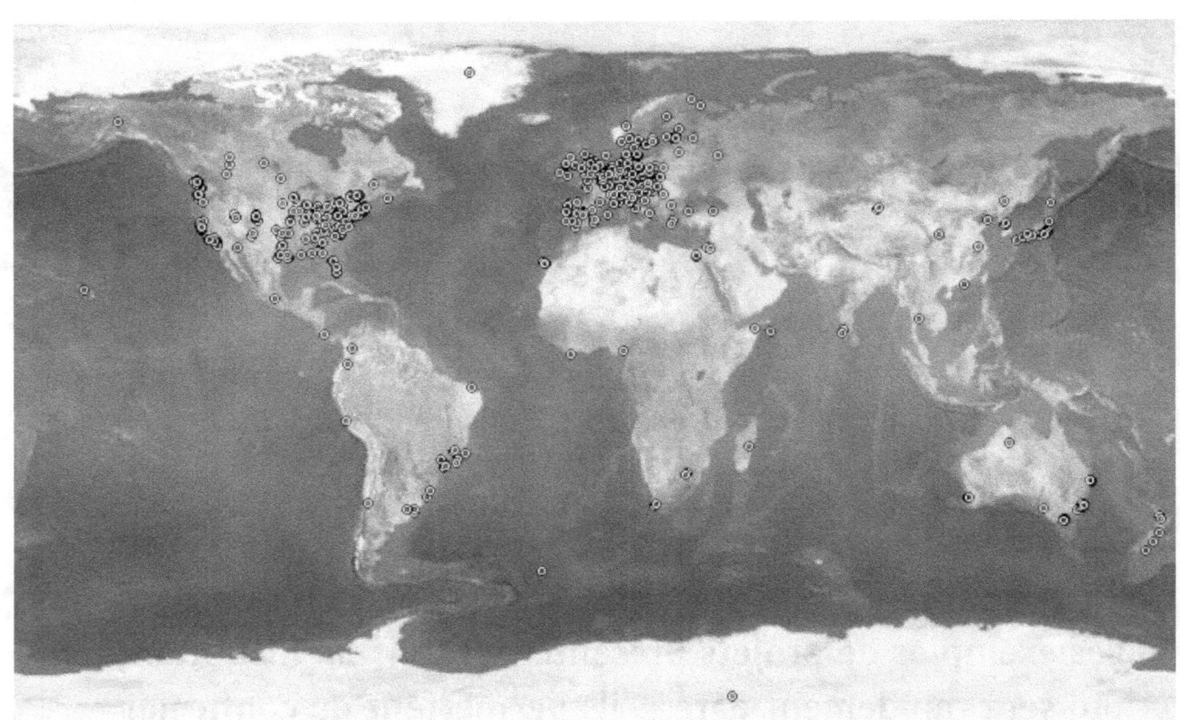

1100 développeurs Debian répartis sur la planète

Parce qu'elle est une méritocratie technique, la communauté Debian[78] est probablement le meilleur exemple[79] d'une communauté qui a atteint une taille critique lui assurant à la fois qualité, pérennité et indépendance. La distribution Linux la plus appréciée sur les serveurs professionnels par les hommes de l'art est une distribution portée par une communauté d'*amateurs*.

Cette communauté, gouvernée par un contrat social[80], n'est pas l'exemple d'une *communauté des origines*, survivance d'un premier âge d'or des développeurs, mais bien plutôt une communauté de personnes totalement lucides sur le fait de savoir à quoi il devront résister (tentations, entrisme, etc.).

La communauté Mozilla

Il serait naïf de penser que les communautés sont complètement désargentées. On ne le voit pas, mais parmi les développeurs, certains sont rémunérés, mais ce n'est pas écrit sur leur pseudo. Ce qui se joue en creux au sein des communautés est difficile à mesurer : la *coopétition* joue à plein entre les entreprises par l'intermédiaire de leurs développeurs qui entrent plus ou moins discrètement dans les communautés.

> *Notre but est d'embaucher nos contributeurs clés, des gens très pointus, qui ont également une fibre humaine pour accompagner et conseiller les bénévoles.*
> *Tristan Nitot [Crochet-Damais, 2006]*

Une communauté originale maintient Firefox, dans laquelle interviennent des professionnels appartenant à des organisations extérieures : Google, Sun Microsystems, IBM, Novell, Red Hat.

> *Il y a de bonnes raisons de prendre un rôle de leader dans la communauté. Jouer ce rôle permet de faire connaître votre entreprise et l'utilisation qu'elle fait du produit. Et lorsqu'il s'agira d'embaucher, la communauté pourra constituer un excellent vivier de talents. Par ailleurs, vous pourrez ainsi influer sur les développements et vous assurer que vos besoins seront pris en compte. [Golden, 2004a]*

De la même manière, le noyau Linux doit beaucoup à quelques-uns de ses développeurs qui travaillent à plein temps chez Red Hat.

Quel projet de logiciel libre peut d'ailleurs assurer qu'aucun de ses contributeurs passionnés n'est rémunéré par une entreprise ? Et quel administrateur de projet peut assurer qu'il sait ce qui se joue réellement au sein de *son* projet.

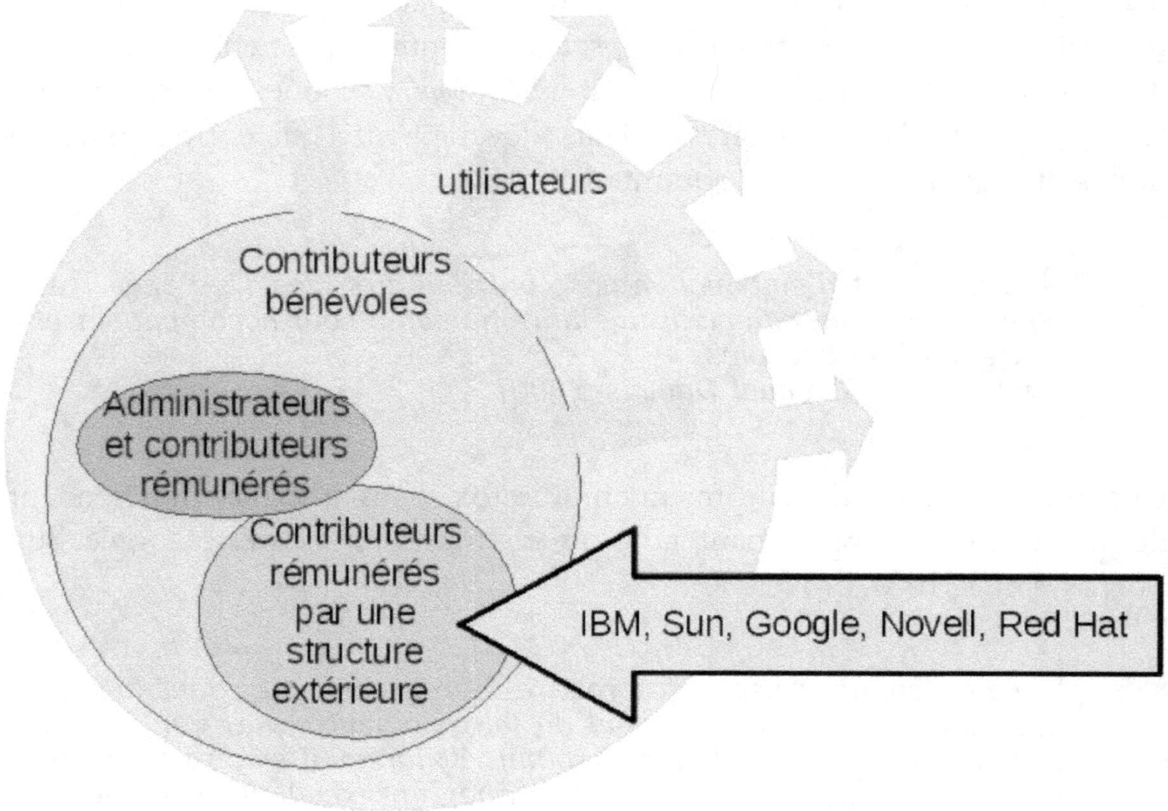

La communauté Mozilla

Ce mélange entre contributeurs professionnels et contributeurs bénévoles peut durer, pour peu que l'organisation du projet garantisse un tant soit peu le renouvellement des bénévoles, et définisse sa politique générale.

Projets hybrides

Trois projets hybrides permettront d'illustrer rapidement l'instabilité de leur situation.

MySQL

Alternative discrète à mSQL à ses débuts, MySQL, en particulier grâce à l'assemblage LAMP[81], MySQL, est désormais le troisième SGBD pour les déploiements, derrière SQL Server et Oracle. Yahoo et la NASA l'ont utilisée très tôt en ligne. Rachetée pour un milliard de dollars par Sun, MySQL illustre parfaitement une des tactiques pour passer du modèle communautaire au modèle open source industriel : le faire faire par un autre (valoriser son projet au maximum... et le vendre).

Le système était célèbre pour être disponible sous plusieurs licences :

> David Axmark - MySQL AB fournit ses logiciels (serveur de bases de données, pilotes, outils) sous différentes licences en fonction des usages. Pour des applications open source, sous licence GPL ou sous une licence approuvée par l'OSI (lorsqu'on bénéficie de l'exception FLOSS, Free/Libre Open Source Software), nos logiciels sont fournis sous licence libre (GPL). Pour les intégrateurs (OEM), les éditeurs de logiciels non libres et les éditeurs de logiciels indépendants (VAR) nous proposons des licences commerciales abordables[82].

MySQL tente d'organiser le flux d'affaires autour du produit, avec MySQL Entreprise Connection Alliance Program (MECA)[83]. Sun vend des services avancés, et se propose de rassurer ceux qui avaient des craintes touchant le support aux utilisateurs.

L'avenir probable de MySQL est l'ouverture de la feuille de route du projet à d'autres grands acteurs. La maîtrise de l'évolution d'un projet de cette envergure ne peut rester dans une seule main. Mais d'ailleurs, est-ce encore le cas ?

Alfresco

Plus récent, le système de gestion documentaire Alfresco, entièrement libre depuis mai 2006, est une bonne illustration de la tension qu'il faut continuer d'observer entre la version *community* et la version *corporate*. Actuellement, le modèle économique repose sur du support de troisième niveau, vendu à des entreprises qui revendent du service. On peut très bien imaginer que d'autres entreprises fassent avancer plus vite la version *community* et fassent évoluer le modèle.

Un projet hybride étrange : OpenOffice.org

Remarque

Alors que la version 3.0 de la célèbre suite libre OpenOffice.org (OOo) vient de sortir, après la migration du poste de travail de la gendarmerie (70 000 postes), on estime à 400 000 le nombre de postes qui ont migré vers OOo dans l'administration centrale française pour la seule année 2007.

Partout dans le monde, beaucoup de DSI ne se demandent plus *si* ils vont migrer ou non, mais quand.

Le projet OpenOffice est pourtant le modèle hybride le plus étrange. Il ne vient pas d'une communauté mais d'une *libération* de code propriétaire. Libéré par Sun en 2000, après l'achat de StarDivision et un travail sur le code, il dispose d'une communauté ouverte très active sur la documentation et la traduction. Sun a été rejoint par IBM en 2007, en particulier en Chine, pour en soutenir le développement.

Les rapports entre la communauté d'amateurs et les grandes entreprises qui financent la participation de développeurs à plein temps est-elle simple ? Pas si sûr.

> *Si nous voulons réussir le pari d'une migration plus massive vers la suite OpenOffice.org, nous devons démontrer que le modèle économique du Libre est pérenne. Le marché ne pourra pas toujours utiliser le Libre en laissant les premiers acteurs, les développeurs des communautés, de côté. Nous devons assurer un système de financement des personnes qui contribuent au succès des logiciels libres. Nos clients en s'adressant à nous pour leur projet OOo, s'assurent qu'ils financent l'avenir de ce projet. LINAGORA prend le rôle d'intermédiaire de confiance entre le marché et les communautés. Il s'agit d'une première, dont je suis particulièrement fier. Alexandre Zapolsky* [84]

Le projet OOo a poursuivi depuis la version 2.4 (en septembre 2006) le tournant de la modularité avec la possibilité de développer des greffons (plug-ins).

Définition *Plugin* (source Wikipedia)

> *Le terme anglais plugin (ou plug-in, du verbe to plug in qui signifie brancher), est employé pour désigner un programme qui interagit avec un logiciel principal pour lui apporter de nouvelles fonctionnalités.*
>
> - *Ils ne peuvent fonctionner seuls car ils sont uniquement destinés à apporter une fonctionnalité à un ou plusieurs logiciels.*
> - *Comparé au logiciel principal, leur « taille » est beaucoup moins importante.*
> - *Ils sont mis au point par des personnes n'ayant pas nécessairement de relation avec les auteurs du logiciel principal.*

Deux directions au moins sont à observer : (1) la corrélation entre la participation des développeurs amateurs et la poursuite de la modularisation du code, (2) le développement de briques d'intégrations (comme Wollmux[85] ou Ged'OOo[86]) destinés à bâtir des connexions avec les applications métier et le flux documentaire au sein d'un système d'information.

Projets de communautés industrielles

La fondation Apache

> Plusieurs milliers de développeurs environ travaillent sur une cinquantaine de projets. Peu disposent du droit en écriture directe sur le code.

Créée en 1999, la fondation Apache développe des logiciels libres. Outre le serveur Apache bien sûr, mais également Tomcat, Geronimo, Jakarta et Lucene ou SpamAssassin, par exemple, sont des produits de la fondation.

> Tous nos membres sont bénévoles et, pour la plupart, salariés chez des éditeurs qui développent des solutions autour d'Apache (Jim Jagielskin *chairman* de la fondation Apache)[87].

Derrière les apparences Les flux financiers de la fondation Apache sont ridiculement faibles (en 2005-2006, la fondation déclare des revenus à hauteur de 150 000 $!) au regard de sa puissance dans le monde informatique. Cette disproportion doit nous alerter sur sa *réalité*.

Derrière les apparences

Il s'agit en fait d'une structure de mutualisation entre entreprises. Pour Éric Raymond, il s'agit clairement d'un *partage des coûts.*

> *On peut généraliser l'histoire d'Apache à un modèle ou les utilisateurs de logiciels trouvent leur avantage dans le financement d'un développement à sources ouverts car cette approche leur fournit un produit meilleur que ce qu'ils auraient pu sinon obtenir, à un prix plus faible.*
> *[Raymond 1999]*

Le consortium OW2

En 2002, Bull fondait ObjectWeb avec l'INRIA et France Télécom, un consortium dédié au middleware open source. Aujourd'hui OW2 (après son rapprochement avec OrientWare, qui avait les mêmes initiales), compte aussi Red Hat et Thalès, outre les partenaires chinois. Il s'agit là aussi d'une structure de mutualisation. Les développeurs qui travaillent sur les projets d'OW2 ne sont pas non plus de vrais bénévoles. Ils sont délégués par leur entreprise pour tout ou partie de leur temps de travail pour faire avancer des projets.

OW2

> Son domaine ? le middleware. Son échelle ? mondiale.

À la différence de la fondation Apache (qui n'en a pas les moyens !), OW2 propose une aide aux entreprises qui développent du service sur ses projets. C'est même son objectif affiché par Jean-Pierre Laisné : favoriser le développement d'écosystèmes open source[88]. Il est très probable que la fondation Apache s'engage dans la même direction.

L'Open Solution Alliance

Destinée principalement à l'interopérabilité, l'OSA est encore un exemple de la capacité des entreprises, dans l'écosystème de l'open source, à travailler ensemble, et surtout à le montrer.

Concrètement, très prosaïquement deux à deux, les entreprises manifestent leur volonté de permettre à leur client de bénéficier de solutions interopérables.

La fondation Symbian

Nokia vient d'annoncer la libération (totale ?) de Symbian, et veut bâtir une fondation autour. Voilà un acteur qui va vite : il s'agit d'inviter des concurrents à coopérer, autour d'une plate-forme libre. Alors que le coût de la licence pour un téléphone mobile de Windows Mobile est de 8 à 15 dollars, l'arrivée d'une plate-forme sans coût de licence, et dont la production sera financée en amont par la collaboration (AT&T, LG, Samsung, Texas Instruments et Vodafone sont annoncés au sein de cette fondation), est typique de ce que produit l'open source : la mutualisation[89].

La fondation Eclipse

Créée en 2001 par IBM, la fondation Eclipse avait pour but (comme son nom l'indique) de faire pièce à Sun, dans l'univers des EDI en Java. L'histoire d'Eclipse est... éclairante. IBM commence par mettre 40 millions de dollars. Eclipse va ensuite devenir une simple association. En 2004, Sun *prend la température* en écrivant à la jeune fondation. Aujourd'hui, IBM et Sun se rapprochent.

Tant bien que mal, dans la tourmente, c'est ce qui éloigne qui rapproche ! Chacun tente d'assurer des positions, de développer des compétences, de prendre de la vitesse. Mais tôt ou tard il faut s'allier avec le concurrent : parce qu'il ne faut pas trop diverger, car quand on s'avise que cela coûtera plus cher de se rendre interopérable après coup, il est alors temps de faire ensemble ! Ainsi la fondation Eclipse adhère-t-elle en 2007 à trois communautés de développeurs, en particulier la JCP fondée par Sun.

Par cette propriété subtile, la *liberté* du code (et d'autant plus depuis que le langage Java a lui-même été libéré par Sun), chacun est *condamné* à collaborer avec l'autre.

Le consortium OSDL

Le consortium OSDL (Open Source Development Labs) est devenu célèbre en recrutant Linus Torvalds.

Fondé en 2000 par IBM, HP, Computer Associates, Intel et NEC, l'OSDL est une association à but non lucratif destinée à étudier certains usages de Linux. Aujourd'hui, on trouve aussi dans l'OSDL Fujitsu, Hitachi, Novell et Oracle. Encore un exemple de la façon dans les entreprises collaborent au sein de ces structures légères.

Le consortium Qualipso

Parmi les consortiums de niveau mondial dans lesquel sont impliqués des Européens, il faut mentionner Qualipso, projet européen (FP6) qui a des membres au Brésil et en Chine. Il devrait prochainement nourrir un nouvel événément régulier à Paris : l'Open World Forum[90].

C'est tout le tissu des entreprises qui invente là un langage, une méthode, des pratiques autour du logiciel libre : méthodes agiles, interopérabilité, à la faveur de conférences internationales.

Un groupe de travail sur les forges est très actif au sein de Qualipso.

La fondation OSGEO... et quelques remarques

La fondation OSGEO qui est en train de naître autour du logiciel de cartographie est à observer avec soin. Le domaine des GIS (SIG) est un domaine qui a trois propriétés : (1) il recouvre la réalité dans ce qu'elle a de plus concrète : le territoire, où tout un chacun se promène désormais avec son GPS ; (2) il a des enjeux considérables quant à la pertinence et la protection des données, ce n'est pas un hasard si la cartographie a été longtemps l'apanage des militaires ; (3) le territoire concerne de très près les collectivités, c'est *leur* territoire (c'est-à-dire celui dont elles doivent prendre soin).

Que se passe-t-il ? À la faveur de progrès dans le domaine des standards de la géomatique (notamment au Canada), des acteurs du domaine sont en train de s'unir. Les logiciels libres du domaine, dont quelques-uns d'origine militaire, ont atteint un tel niveau qu'il est désormais possible de bâtir des applications complètes de cartographie avec des briques libres. On pourrait s'imaginer que cela s'arrête là, et que nous sommes en présence d'une fondation de plus, celle qui concerne la mutualisation par l'offre dans le domaine de la géomatique.

Ce n'est pas si simple, car nous avons là un terrain d'observation tout à fait remarquable des éléments théoriques que je propose. Je me risquerai un peu plus loin à faire quelques prédictions pour mettre à l'épreuve cette théorie.

Tout commence par des individus : Michel Bondaz décide de *libérer* la carte : *une seule carte, et tout le monde peut écrire dessus* ! Avec un GPS à la main, il enregistre les traces des ses circuits en vélo, les rentre dans son ordinateur, met en ligne, sur une carte du monde qui comporte déjà toutes les données libres qu'il a pu recenser, principalement d'origine américaine : c'est le projet UPCT. Un projet magnifique qui a été présenté en 2004 à EnviroInfo[91]. Á peu près au même moment naissait le projet Open Street Map (il s'agissait seulement au début de tracer des promenades dans des villes). Au sein d'UPCT, dès le début, il s'agit de *refaire le monde point par point*. Aujourd'hui le projet Open Street Map explose (et rencontre les mêmes problèmes juridiques qui ont freiné le développement d'UPCT).

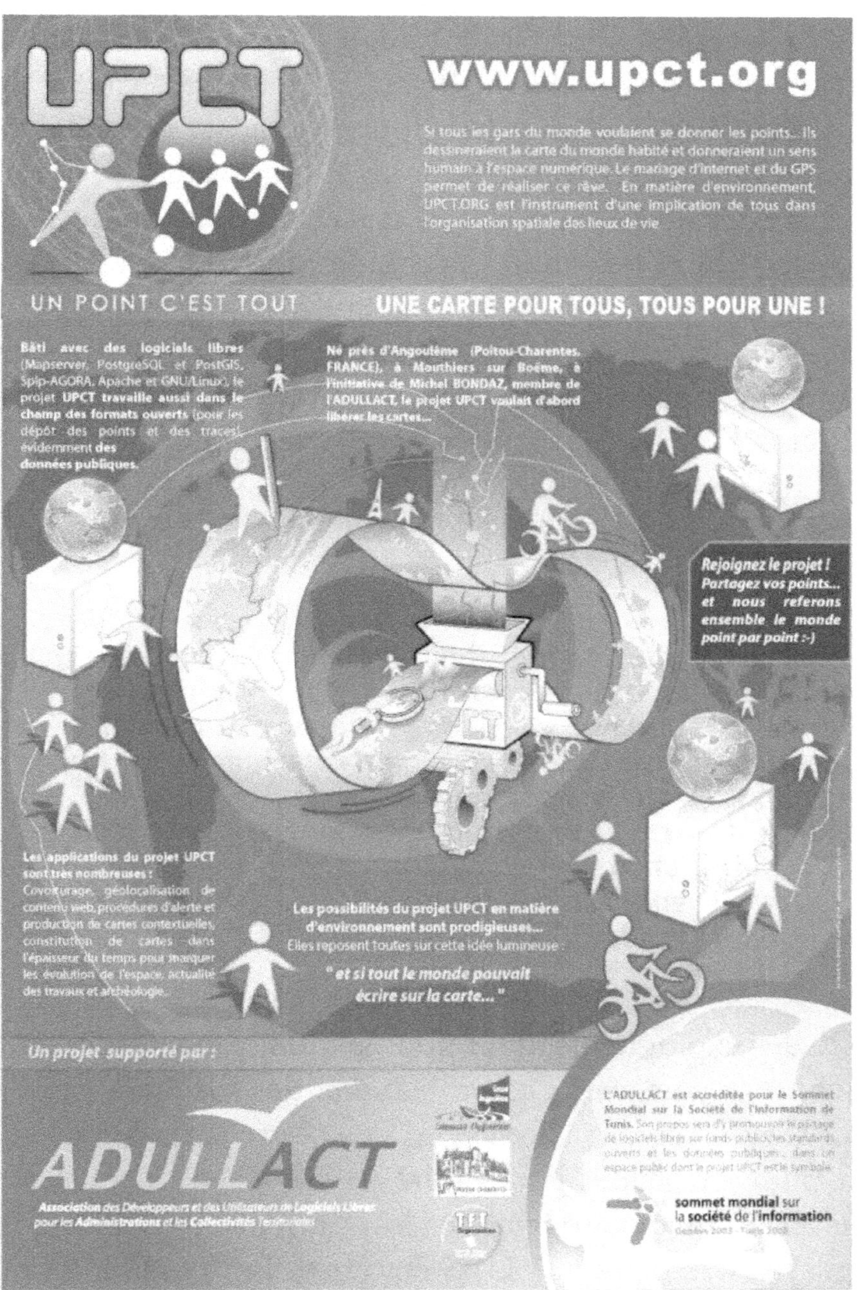

L'affiche d'UPCT pour EnviroInfo 2004 (Gabriel Gaiffe)
Prix EnviroInfo 2004 du graphisme.

Nous sommes aujourd'hui en présence de deux espèces de cartographies en ligne : (1) la cartographie des *googlemap* : agrégats de données qui invitent les utilisateurs à ajouter leurs données. Il vaut mieux ne pas trop regarder quels droits les utilisateurs ont sur les données qu'ils consultent ou qu'ils conservent sur celles qu'ils produisent ; (1') une variante : la cartographie *officielle* de sites comme celui de l'IGN, sur les données desquelles le visiteur a également des droits très limités : celui de regarder, principalement. Rappelons quand même au passage que ce sont des deniers publics qui ont payé la carte ; (2) enfin des cartes *libres* essayant de proposer une alternative collaborative, soutenues par les industriels des systèmes d'information géographiques (OSGEO).

La représentation de l'espace public n'est pas encore un espace public

> *— C'est exact, dit le géographe, mais je ne suis pas explorateur. Je manque absolument d'explorateurs. Ce n'est pas le géographe qui va faire le compte des villes, des fleuves, des montagnes, des mers, des océans et des déserts. Le géographe est trop important pour flâner. Il ne quitte pas son bureau. Mais il y reçoit les explorateurs. Il les interroge, et il prend en note leurs souvenirs. Et si les souvenirs de l'un d'entre eux lui paraissent intéressants, le géographe fait faire une enquête sur la moralité de l'explorateur. [Saint Exupéry, le Petit Prince, XVII]*

Cette révolte des explorateurs, qui refont le monde, est peu connue. Elle n'a pas grand-chose à voir avec l'usage habituel des GPS. Ces explorateurs-là utilisent leur GPS à l'envers : au lieu de s'en servir pour ne pas se perdre, ils les utilisent pour « regagner le territoire », *enregistrer* leurs cheminements, la position de tel point remarquable, et les rentrent ensuite dans les ordinateurs. Les services associés aux GPS commencent à utiliser cette ressource qu'est la collaboration des utilisateurs avec un modèle économique original : vous participez tous, et on vous revendra le résultat...

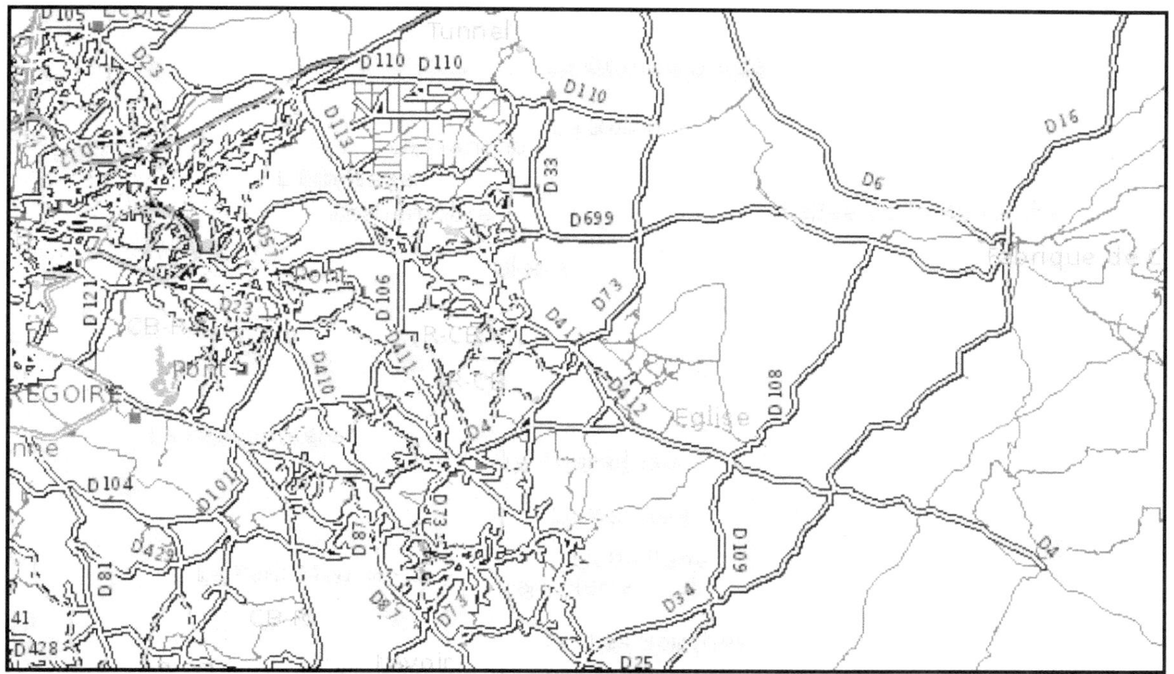

Une carte UPCT

De nombreux industriels utilisent des briques libres pour la géomatique. Ce qui est très remarquable, c'est que la mutualisation vient vraiment de commencer seulement maintenant. Pourquoi ont-ils donc aujourd'hui intérêt de faire ensemble ? Parce qu'il faut crédibiliser les outils de géomatique à un autre niveau : le plus haut. Il faut montrer à la faveur des standards ouverts la capacité du monde libre à bâtir une architecture libre stable d'*échange* de données géographiques. Il s'agissait jusqu'alors de faire des cartes qui n'étaient pas jointives, ni dans le plan, ni en épaisseur. On pouvait le faire avec de l'open source aussi. Mais aujourd'hui il s'agit d'autre chose, de *changer de braquet :* car le recollement des réseaux et l'exploitation des données réclame désormais des cartes jointives !

Osons une prédiction pour la prochaine étape de cette histoire. Les collectivités, pouvoirs locaux, vont bientôt s'aviser que le territoire qui se fait ici ou là est le *leur*, celui dont ils produisent les données (qu'on leur revend parfois), celui sur lequel ils exercent une juridiction. Ils disposent d'applications métier pour gérer ce territoire, pour le faire évoluer.

Certains roulent sur les routes, mais il en est dont c'est le métier de refaire les routes ! Certains se promènent sur des pistes cyclables, d'autres les tracent et les construisent. Vous avez compris : le moment du logiciel *métier* arrive, et il sera piloté par les clients !

La troisième carte arrive, elle ne sera ni une carte commerciale pseudo collaborative pour explorateurs 2.0, ni une carte revendue à ceux qui l'ont déjà payée et sur laquelle ils ne peuvent pas écrire directement : ce sera une carte où les habitants ou les visiteurs de ces territoires, les collectivités et les pouvoirs locaux auront aussi leur mot à dire. Pourquoi faudrait-il *refaire* ce qui existe déjà et qui pourrait leur être simplement *rendu* : les données métier du système d'information de leur commune ? Cette prise de conscience s'effectuera à la faveur d'une reprise en main des logiciels par les clients !

Le territoire deviendra alors le réseau des lieux ! Les standards actuels de la géomatique et l'architecture des réseaux permettent cela : une carte distribuée à l'échelle de la planète, sur laquelle tout le monde pourra écrire, et permettant de distinguer des niveaux de confidentialité (on ne partage pas d'ordinaire ses coins à champignons avec tout le monde) et d'usage, permettant de produire enfin des cartes jointives, dans le plan et en épaisseur, de recoller les réseaux (par exemple les réseaux haut-débit). Pas un jouet. La carte. *Une seule carte et tout le monde peut écrire dessus !*

Le jour arrive où des personnes publiques vont s'asseoir autour d'une table et réfléchir à des questions simples : Qui produit les données d'un territoire ? Qui exploite ces données ? Qui peut les mettre à jour ? Qui en a le plus besoin ? Qui a la charge du territoire ? Après les communautés d'individus, puis d'entreprises... arriveront sur la géomatique les hommes de l'art, les utilisateurs en situation professionnelle, et les habitants, les élus et les contribuables, les touristes mais aussi les gens du voyage et les migrants : tous les *utilisateurs* des territoires. Les logiciels libres seront leurs outils, évidemment, pour servir des données libres.

Projets d'éditeurs

Il est souvent difficile de distinguer les projets d'éditeurs et les projets hybrides, parce que les logiciels libres ont un impact sur les architectures, et la réponse qu'ils apportent sur le terrain du métier est rarement une duplication en libre d'une solution propriétaire, mais consiste en un déplacement de la frontière entre l'infrastructure et la couche métier. Nuxeo, XWiki, Nexedi et Logilab sont des entreprises qui portent des projets libres souples qui induisent un déplacement de ces frontières.

Projets de communautés de clients

Je ne prendrai que quelques exemples en France.

> *La France est en Europe le pays le plus avancé dans l'**utilisation** et le **développement** de logiciels libres.[92]*

La communauté Acube

Lorsqu'ils sont devant un problème, les informaticiens ont tendance à résoudre le cas général[93]. Témoin le projet Acube (pour A^3 : Architecture Asynchrone Alliance). Le Ministère des Affaires Étrangères, rejoint par celui de la Culture et bien d'autres partenaires, a développé une usine à produire des applications métier en client riche. Avec 300 implantations dans 150 pays, le MAE choisit de tirer profit des dernières avancées technologiques et des standards ouverts, l'idée est de maintenir un cadre de développement (neutre : java ou php) au moyen duquel des intégrateurs privés (Aubay, EDS, Sopra, etc...) pourront développer des applicatifs pour les personnes publiques.

Autour d'un code source sous licence CeCILL, une communauté de clients et de prestataires, qui ont tous intérêt à être transparents et à améliorer le système. Un cercle vertueux à observer de très près.

Open-Mairie

> À l'initiative de la ville d'Arles[94], le projet *Open-Mairie*[95] tente de reproduire un modèle communautaire dans le contexte de collectivités sur des logiciels métier.

Une ville publie un logiciel. À la faveur d'un marché de développement d'une autre ville, le logiciel s'améliore, et ainsi de suite. Il existe plusieurs SSLL qui vendent du services sur le catalogue. Pour l'instant, l'arbitrage entre les dépôts ne semble pas poser de problèmes. Du moins ces problèmes n'apparaissent pas encore. Le mainteneur des souches est un fonctionnaire territorial. Cela assure une indépendance des solutions vis-à-vis des sociétés de services. Pour l'instant le coût réel de la *gestion* de la roadmap est masqué. Il pèse sur une collectivité, pour son compte (mais également pour le compte de l'ensemble des utilisateurs) mais n'est pas encore budgétisé explicitement.

Ce modèle communautaire est en fait une communauté d'intérêts avec des financements cumulatifs. Un club utilisateur autogéré, sans structure de portage particulière. On peut penser que la proximité géographique des premiers utilisateurs a pu favoriser une bonne entente entre les développeurs initiaux et les sociétés de services qui ont développé des offres de services. Néanmoins, à la faveur de l'adoption de ce catalogue par une communauté plus vaste d'utilisateurs, il est logique de penser que l'organisation de la gestion de la *roadmap* devra être formalisée.

Le Groupement d'Intérêt Économique Liberaccès

Autre exemple de mutualisation : le Groupement d'Intérêt Économique Liberaccès[96]. Des collectivités de Poitou-Charentes se sont groupées afin de porter un projet de développement (assemblage de briques libres ayant la double fonction de portail riche – allant jusqu'au SIG et à la dématérialisation de procédures, et de gestions de processus métier via des portlets).

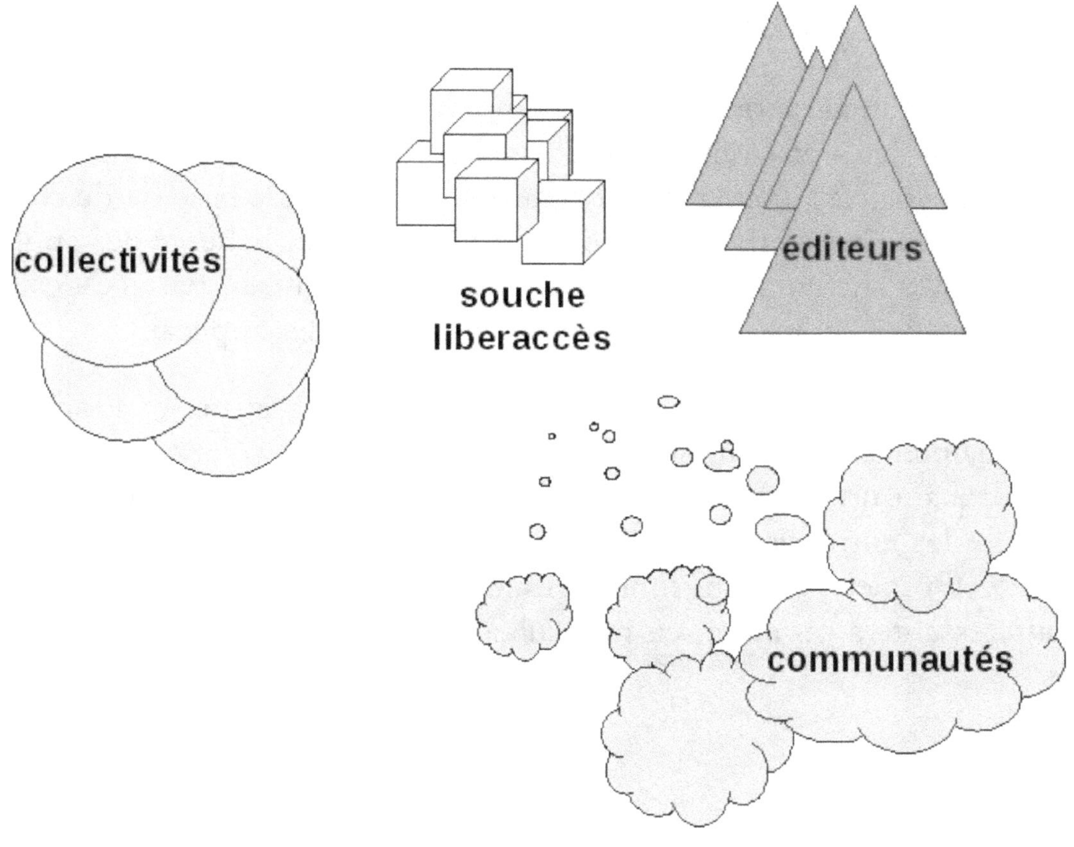

Le GIE Liberaccès

L'écosystème que se propose d'organiser le GIE Liberaccès est la relation entre les collectivités, des éditeurs et des communautés. Liberaccès est un assemblage de briques libres. Le projet en lui-même est ce que les informaticiens appelle la *glu*, c'est-à-dire ce qui fait tenir ensemble les briques. Cela suppose une relation avec les communautés des briques d'origine. Par ailleurs, des éditeurs, pour se connecter aux briques de Liberaccès, pourraient se rendre compatibles et bénéficier d'une sorte de label *compatible Liberaccès*.

Le projet Commune Plone

Exemple de mutualisation, le projet CommunePlone, né au sein de l'UVCW (l'Union des Villes et Communes de Wallonie), se propose de développer une suite de logiciels métier par et pour les communes à base de deux produits développés en Python : Zope et Plone. Le projet héberge des applications distantes sur un serveur. Les communes mettent en partage des ressources humaines pour assurer le suivi et le support des applicatifs.

Nouveau venu, en croissance rapide à l'international, le projet PloneGov, intègre maintenant CommunePlone comme une de ses sous-communautés, en embarquant un réseau de prestataires avec un animateur : Zea Partners[97] qui fédère les entreprises capables d'intervenir sur la technologie. L'évolution de ces projets, qui ont imité l'Adullact mais sur *une* technologie, sera très intéressante à observer, en particulier la relation entre clients et prestataires.

Le consortium Cocktail

Un consortium discret mais remarquable dans son fonctionnement : Cocktail. Cocktail[98] est... un *cocktail* de logiciels qui portent des noms de fruits.

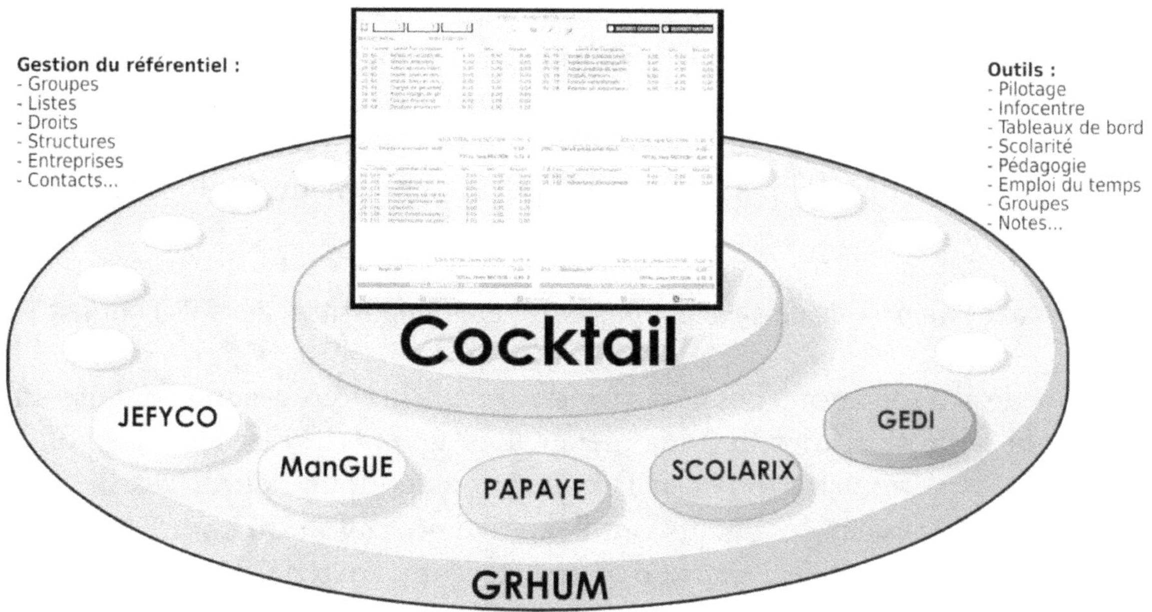

Le consortium Cocktail

Le consortium Cocktail est très remarquable : il s'agit de maintenir et supporter un ensemble de logiciels métier *en production* dans de nombreuses universités. Ce maintien et ce support est quasiment entièrement réalisé sur des ressources internes aux membres du consortium, partagées entre les utilisateurs.

Adullact et Adullact-projet

La cinématique Adullact[99]/Adullact-projet[100] est un exemple de solution organisationnelle pour développer du logiciel libre métier. Très décrié à ses débuts, parce qu'il dérangeait les entreprises, c'est maintenant un modèle qui est imité : la relation entre une association et une coopérative est en effet un bon moyen d'articuler la définition d'un besoin commun et sa réponse dans un contexte à la fois de droit privé, concurrentiel mais non lucratif[101]. C'est d'ailleurs dans cet esprit qu'ont été créées les SCIC.

Parce qu'il connaît très bien les collectivités et les prestataires de services, Pascal Feydel, délégué général de l'Adullact a patiemment, contre vents et marées, mis en place le dispositif qui permet d'être crédible vis-à-vis de collectivités pour répondre à leurs besoins, et d'être crédible vis-à-vis des entreprises pour développer, et de produire effectivement des logiciels libres métier, des *libriciels*.

> Mark Twain : « Ils ne savaient pas que c'était impossible, alors ils l'ont fait ! »

Au sein de l'association, des groupes de travail (il y en a actuellement une douzaine) définissent des besoins métier. Les agents des services des collectivités et des administrations sait mieux que quiconque définir ces besoins. D'autant que souvent ces agents ont l'expérience d'avoir dû contraindre leur pratique professionnelle à cause des progiciels du marché. Des collectivités vont par exemple plancher sur les fonctions que devrait avoir un logiciel de délibérations (1 sur le schéma).

Une fois l'architecture définie, il y a trois solutions possibles pour continuer à coopérer. Soit (a) un ou plusieurs membres développent le logiciel en interne ou (b) par un appel d'offres groupé, soit (c) la coopérative prend le relais, et en fonction de ses possibilités financières, elle fait développer le logiciel et le maintiendra. (3) Sur ce code ouvert, des entreprises (dont la coopérative) se feront concurrence.

Déjà, des éditeurs propriétaires se proposent d'embarquer des solutions dans leurs offres. La pompe est en passe d'être amorcée.

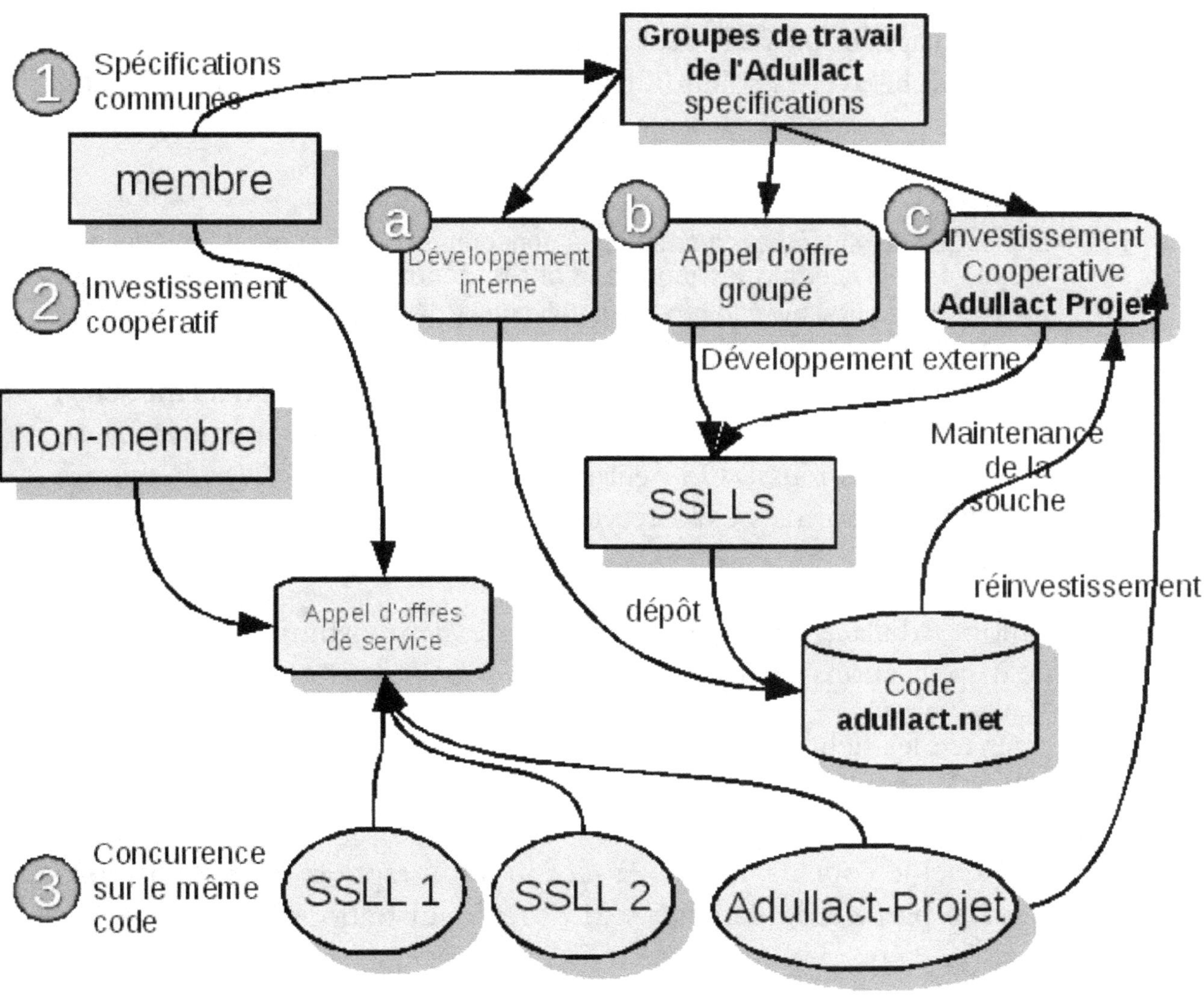

La cinématique Adullact/Adullact-Projet

La toute petite coopérative Adullact-projet[102] a développé un petit logiciel : *S²low*, qui est une solution libre pour le contrôle de légalité. La Caisse des Dépôts et Consignations avait peut-être prévu d'être en situation de monopole sur ce marché avec la solution propriétaire *Fast*. Le *Petit Poucet* a obtenu qu'il y ait de la concurrence sur ce marché, et les prix ont été divisés dans ce domaine par... dix !

> Signe que le système commence à fonctionner : la coopérative Adullact-projet a déjà perdu des appels d'offres contre des entreprises qui se présentaient aussi avec le produit qu'elle avait développé : *S²low*.

Ceux qui ont vécu le montage savent le chemin parcouru, semé d'embûches de toutes sortes. Beaucoup ont tenté d'empêcher cette coopérative de se monter : ils n'ont pas réussi. On peut passer le col, *la voie est libre*. Le circuit du document est désormais exploré : les délibérations et bientôt l'archivage à valeur probante.

L'association Adullact propose un espace de démonstration[103] pour une vingtaine d'applications métier.

Ce qui menace les débuts des communautés, c'est de monter une structure par projets. Il faut le plus vite possible bâtir un instrument capable de conduire des projets par type d'acteurs et non par projet. Ce fut d'ailleurs un point sur lequel je conclus, lors de la réception du rapport de Rishab Gosh et alii[104] sur le partage de code au sein des administrations européennes[105]. C'est la raison d'être de l'Adullact : tenter d'éviter que se monte une structure d'appui par projet.

Il y a deux cent cinquante métiers dans une collectivité, elle ne va pas adhérer à deux cent cinquante consortiums, associations, groupes, GIPs, GIEs, et j'en passe, afin de participer à deux cent cinquante communautés !

Le cas des distributions

On pourrait s'étonner que les distributions ne soient pas mentionnées, en dehors du cas de Debian.

Si on considère la classification diachronique proposée, on trouvera des distributions de tous les types. Elles accompagnent le mouvement de très près, en épousent les contours. Nous trouverons facilement des distributions des cinq types.

Les distributions communautaires

Il y a des distributions communautaires. Debian, bien sûr, mais il y en a bien d'autres.

Les distributions hybrides

Il y a des distributions *community/corporate*. Red Hat est évidemment le meilleur exemple d'une entreprise avec deux visages : community et corporate. On peut alors trouver un peu osé que ce modèle ait été présenté plus haut comme instable. Il faut songer que lorsque Red Hat a créé la Fedora Foundation pour animer sa version gratuite, il a rapidement mis fin à l'expérience. Pour l'instant, Red Hat surfe sur l'adoption de l'open source par des gros comptes, qui font avec l'open source ce qu'ils faisaient avec le logiciel propriétaire : acheter cher de la tranquillité. *Pourvou que ça doure...*

Certaines distributions articulent très bien le rapport entre la version community et la version corporate : Suse (avec OpenSuse) et Mandriva, par exemple.

Les distributions middleware

Il y a déjà des distributions *boîtes à outils* comme smeserver (anciennement e-smith[106]). Pour l'heure ce sont de toutes petites structures, mais il est évident qu'elles ont un avenir, et un avenir pérenne, parce que le code est en ligne, sans aucune restriction. Les entreprises d'informatique, et en particulier les intégrateurs, en viendront à mutualiser l'effort sur des boîtes à outils de ce genre. Leur vraie valeur ajoutée est la capacité de prendre en main, paramétrer, adapter et mettre en œuvre ces solutions complexes.

Les distributions-éditeurs

Des distributions-éditeurs s'attaquent en ce moment même à des segments métier. Les distributions *thématiques* comme il en existe par exemple dans le domaine de la vidéo, de la musique ou de l'éducation, préfiguraient cette évolution.

Les distributions métier

Certaines distributions métier sont pilotées par les clients. Une distribution comme FreeEOS est effectivement utilisée dans le domaine de la formation. On peut également prendre l'exemple des serveurs Pingoo, portés par le CITIC74 (ex CRI74 monté par Jean-Claude Fernandez, pionnier du logiciel libre et des FAI publics en France).

Pour l'instant, il en va de même qu'ailleurs, **ce sont les modèles de transitions qui se voient le plus.** Mais ceux qui ont le plus d'avenir sont parfois plus discrets. Dans le domaine des distributions, le jeu entre versions *corporate* et *community* n'aura qu'un temps. Les distributions boîtes à outils et métier ont probablement un grand avenir. On peut prévoir que les entreprises du libre pilotant des distributions sont bien placées pour accompagner les communautés de métier.

Où trouver un prestataire ?

Le groupe d'étude M@rsouin propose un annuaire[107] à inscription volontaire d'entreprises du libre.

Nat Makarévitch avait lancé sur linux-france.org un annuaire[108] qui se poursuit.

Philippe Nieuwbourg a lancé Progilibre, la communauté francophone des applications d'entreprise en open source[109] (on trouve dès 2004 des inventaires de solutions métier libres[110]).

Evénement récent, l'AFDEL, Association Française des Éditeurs de Logiciels vient de créer une commission Open Source.

5

À qui profite la crise du logiciel ?

La crise du logiciel n'est pas une fatalité. Elle disparaîtra
à mesure que les prestataires vendront ensemble
et que les clients achèteront ensemble. Et l'on passera
de la rencontre entre quelqu'un qui ne sait pas ce qu'il
vend et de quelqu'un qui ne sait pas ce qu'il veut,
à la recherche conjointe d'une solution reproductible,
à base de briques réutilisables.

Il est temps que l'on cesse d'entretenir artificiellement une crise du logiciel. L'enjeu de la mutualisation par la demande est là, les communautés du logiciel libre et les clients (utilisateurs en situation professionnelle) doivent se connaître. Cela commence par le secteur public. Des études existent déjà, qui permettent d'explorer ce que chacun doit savoir sur l'autre[111].

L'expression du besoin

En janvier 1995, le Standish Group cite en épigraphe d'un rapport[112] explosif une citation de Tom Clancy :

> *Les ponts de l'antiquité romaine étaient des structures très inefficaces. Pour nos normes modernes ils utilisaient trop de pierre, et par conséquent, beaucoup trop de travail pour les construire. Avec le temps nous avons appris à construire des ponts de manière beaucoup plus efficace, qui utilisent moins de matériaux et moins de travail pour effectuer la même tâche. (Tom Clancy, La somme de toutes les peurs, 1991)*

Même si certains critiques ont fait observer depuis que les ponts romains sont encore debout, cette formule introduisait une étude alarmante sur le gâchis effrayant en ressources humaines et financières pour le développement des logiciels. « Nous ne pouvons pas continuer à imiter les trois singes : ne pas entendre les échecs, ne pas voir les échecs, ne pas parler des échecs »[113].

Dix ans après, le dernier rapport annuel *Chaos* semble se féliciter de ce que le tiers des développements informatiques soit un succès. Mais entre 50 et 70 % de développements ne satisfont pas aux spécifications initiales, aux délais prescrits, aux normes de qualité requises et aux coûts prévus. Certains voient au contraire une amélioration dans le fait qu'il y a 20 % de moins d'échecs complets! Une étude récente du CIGREF semble indiquer les choses vont un peu mieux en France pour ce qui est des coûts et des délais.

Le rapport américain de 1995 concluait sur une note optimiste :

> *Il y a un dernier aspect à examiner à un degré ou à un autre dans l'échec d'un projet. Tout succès a sa racine soit dans la chance soit dans l'échec. Si vous avez de la chance, vous ne gagnez que de l'arrogance. L'échec nous apprend quelque chose ; et de la connaissance vient la sagesse, et c'est avec de la sagesse que nous pouvons vraiment réussir.*[114]

Que nous apprenait ce fameux rapport *Chaos* ?

Les gens ne savent pas ce qu'ils veulent

Les spécifications fonctionnelles d'après lesquelles les programmeurs doivent coder sont floues, et la très faible implication des utilisateurs finaux (première clé du succès avec 19 % d'impact) ne permet donc pas de s'en sortir. La moitié des problèmes vient de l'expression du besoin. Comme la commande publique repose précisément sur l'expression des besoins en amont, on peut se faire du souci. En 1994, un rapport sur l'informatique fédérale américaine était déjà très alarmant[115].

Les délais glissent

Le délai moyen d'un projet informatique est de presque deux fois et demi le délai prévu initialement.

Il y a des surcoûts

Dans le rapport Chaos, le surcoût moyen mentionné d'un projet informatique est de plus de 90 %.

Finalement on se contente de ce qu'on a

Moins des deux tiers des fonctionnalités spécifiées sont livrées.

Les spécifications sont parfois obscures, voire contradictoires, relèvent souvent du copier/coller à partir d'autres documents. Le prestataire aura beau jeu de dire « vous avez ce que vous avez demandé ».

Cela ne peut qu'empirer

> Il est très difficile d'évaluer en cours de route l'avancement du travail : cela conduit à un processus en mode tunnel où l'on constatera seulement au moment de la livraison du produit qu'il ne correspond pas bien à ce qui a été demandé. Et comme ce qui a été demandé ne correspondait déjà pas bien au besoin, on imagine la joie des utilisateurs lors du déploiement de l'application...

Le remède est parfois pire que le mal, et l'on voit se développer une ingénierie complexe relevant de l'usine à gaz, destinée à fournir des tableaux de bord pour mesurer la qualité de l'expression du besoin, et à ajouter encore des exigences qui alourdissent le travail de réalisation. Le résultat est que le client a économisé... ce que cela lui a coûté en plus, et a gagné en temps... le temps que cela lui a pris pour mettre en place le dispositif ! (Le métier de consultant est un beau métier.)

> L'utilisateur a un besoin. La maîtrise d'ouvrage délègue la reformulation du besoin à une assistance à maîtrise d'ouvrage, qui rédige un cahier des charges de trois cents pages. La maîtrise d'œuvre, elle, ne cherche pas à savoir ce que veut l'utilisateur ; elle cherche à comprendre le cahier des charges, ce qui est déjà beaucoup, car il va falloir décrire à des prestataires sous-traitants ce qu'il faut faire. On imagine le grand moment de solitude du sous-traitant rencontrant l'utilisateur, après quelques mois *en mode tunnel*.

Réinventer la roue

La politique d'achat, le *procurement,* en matière de projets informatiques s'est adaptée à l'informatique propriétaire. Non pas qu'on achète nécessairement des programmes propriétaires (car la majeure partie de l'achat consiste en achat de développement, ou d'adaptations qui resteront internes et qui ne seront ni libres ni propriétaires mais privés) mais parce que les programmes réalisés n'ont pas vocation à être partagés l'on réinvente la roue à chaque fois. Rien n'est vraiment fait pour tirer les leçons des échecs.

> Les clients ne peuvent pas s'avouer, et moins encore collectivement, qu'ils se comportent comme des gogos, et les prestataires ne vont pas clamer sur les toits qu'il font payer trente-six fois la même chose.

Quel rapport avec les logiciels libres, me direz-vous ? Dès lors qu'on n'imagine pas que les programmes informatiques puissent être partagés, ils sont soigneusement développés *sans pouvoir l'être*. Bien évidemment, n'importe quel prestataire de service saura vous expliquer qu'il est impossible de porter comme ça une application développée chez un client chez un autre : il y a du *spécifique*, correspondant à des besoins très particuliers. Chaque client est *tellement* différent. Sans doute, mais il aurait été plus intelligent, et de l'intérêt, *et* des clients, *et* des fournisseurs, d'exprimer les besoins de manière générique et d'y répondre ensuite par un paramétrage spécial. Mais sans coalition des clients et des prestataires c'est chose quasi impossible.

Il est évident que les prestataires de services ont intérêt à faire le plus de spécifique possible, et de le développer grâce à des briques les plus ouvertes possibles, et que le client ne le sache surtout pas. Le client paie, les briques s'améliorent, mais les applications métier continuent de ne pas exister et d'être impossibles à partager dans une version opérationnelle. Elles ne peuvent pas être partagées, tellement elles sont adaptées à votre situation particulière !

Sur les listes de diffusion de décideurs informatiques circulent des demandes du genre : « quelqu'un aurait-il un cahier des charges pour un intranet ». Si les besoins étaient si spécifiques, pourquoi faire un copier/coller de l'expression des besoins des autres ? Il serait plus simple de demander : « qui peut me passer un intranet ? ». Cela irait plus vite : il suffirait de demander à quelqu'un de nous l'installer. Mais le client a aussi intérêt à croire que son besoin exige un développement spécifique, réclamant qu'on parte *ex nihilo/from scratch*. Un développement déjà réalisé est le développement d'un *autre…*

Pas de recherche de généricité

Lorsqu'on analyse les échecs des projets informatiques, il ne vient à l'idée de personne que c'est la nature de ce qu'est un projet qui conduit à l'échec. Même si l'on parvenait à réaliser de la qualité, même si les projets allaient tous au bout (« il y a aussi des projets qui réussissent »[116]), dans les délais, et en répondant au besoin des utilisateurs, ce serait un formidable échec : parce que le prix à payer pour cette qualité-là est absolument exorbitant. Il y aurait bien une étude à confier à un cabinet de consultants désœuvrés : prendre au hasard une centaine de projets informatiques dans un secteur et examiner (avec plusieurs hypothèses d'architectures sans doute, et qui ne correspondent pas nécessairement aux choix qui furent effectivement faits) dans quelle mesure il aurait été possible de mutualiser en amont certains développements. Pourquoi les intégrateurs utilisent-ils en effet de plus en plus des *briques logicielles* libres ? Parce que si les solutions techniques existent et qu'elles sont disponibles, il est parfaitement inutile de les redévelopper. Mais ce qui est développé aurait-il pu l'être avec un souci de généricité ? La mutualisation, qui est tellement intéressante du côté des prestataires, ne profite pas autant qu'elle le pourrait au client. Et les prestataires n'ont surtout pas intérêt dans ces condition à ce que les clients partagent !

La tache d'huile communautaire

Les clients, tout seuls, découvrent alors que les entreprises du libre ne sont pas des officines philanthropiques, et apprennent avec surprise que leur volonté de partager avec les autres clients ne fait pas exactement le bonheur de leur prestataire.

Non seulement les projets intègrent les mêmes ingrédients, mais ce sont la plupart du temps les mêmes projets. Un *projet informatique*, c'est le plus souvent l'installation d'un système de gestion intégrée, l'installation d'un intranet ou d'un extranet, la mise en place d'une gestion de fabrication, de la relation client et de la connaissance. Même s'il se cache derrière ces mots des réalités bien différentes, les fondamentaux de ces activités sont les mêmes, et un programme qui gère une chaîne de montage considère abstraitement les objets et leurs relations, sans considération de ce qu'ils sont ! Des briques de plus en plus abstraites existent, qui permettent à des intégrateurs d'aller très vite dans la réalisation de ces systèmes. Le client le comprend-il ? Le sait-il ?

Les économies permises par le logiciel libre seront faites principalement sur le coût global des projets. À mesure que l'on va considérer (et cela prendra un certain temps) que les développements *peuvent* être réutilisés, le marché doit lentement mais sûrement s'orienter vers une autre manière d'organiser la relation client. Actuellement, le client a encore intérêt à disposer d'une autre informatique que son concurrent, et il voit un avantage concurrentiel à disposer d'un outil qu'il estime plus performant. Les prestataires ont encore intérêt à faire croire à leurs clients que ce qu'ils demandent n'existe nulle part, que leur situation est unique et réclame un développement *à façon*, même à partir de briques du marché, mais tellement loin de la spécificité du client, singulier en diable !

La fonction achat actuelle repose sur un double mensonge : le client affirme savoir ce qu'il veut et le prestataire affirme savoir ce qu'il fait. Que ne sortent-ils de la mauvaise foi : l'un en avouant qu'il veut la même chose que son voisin, l'autre en disant qu'il fait comme tout le monde !

Une des raisons de cette situation catastrophique est la trop forte externalisation de la fonction informatique dans les entreprises et les administrations, chez les clients. À la grande époque[117], on pouvait imaginer qu'un marché informatique faisait se rencontrer des hommes de l'art. C'est encore le cas dans les grosses structures, celles qui ont encore en interne des compétences très pointues. Mais ailleurs ?

> Aujourd'hui, le marché de l'informatique, c'est souvent la rencontre de quelqu'un qui ne sait pas ce qu'il achète et de quelqu'un qui ne sait pas ce qu'il vend.

Petite histoire du procurement informatique

On pourrait résumer l'histoire de la fonction achat (*procurement*) en informatique de la manière suivante.

Première phase : régie et spécifique

On sait ce qu'on achète et ce qu'on vend, mais on ne peut pas facilement partager, parce qu'il n'y a pas encore de réseau, les systèmes ne sont pas encore *portables* ni *modulaires*. C'est l'ère de la régie et du spécifique, dont on se souvient avec effroi dans les services informatiques.

Deuxième phase : externalisation à tout va

On externalise à tout va, et l'on se retrouve avec un feuilleté d'interfaces qui éloigne terriblement l'utilisateur de celui qui pourrait satisfaire son besoin. La qualité ne disparaît pas : elle s'obtient à un coût de plus en plus exorbitant. Paradoxe : les réseaux existent, les systèmes sont portables et modulaires. On résout finalement à prix d'or un problème qui n'existe plus (le coût des équipes informatiques).

Troisième phase : enfin la réutilisation d'un patrimoine

Nous sommes en train d'y entrer. Un patrimoine logiciel se constitue, pour répondre de manière économique à des besoins communs, permettant à chacun de se concentrer sur des besoins véritablement spécifiques. Mais pour l'instant, il ne profite qu'aux fournisseurs, sur le *middleware,* par encore au client, sur le logiciel métier.

Le coût des échecs est exorbitant

Dans l'état actuel du processus d'achat, un projet de développement est un processus critique. Il peut échouer pour de nombreuses raisons, qui tiennent à la *conduite du projet*, plus qu'aux aspects techniques.

1. Parce que *le poisson pourrit par la tête*, un soutien trop timide de la direction démotive les équipes.

2. Une *équipe projet* est en soi un paradoxe : il s'agit en général de piloter du changement. Or la participation à un projet est elle-même instable. Les changements organisationnels induits par la simple conduite du projet peuvent être insurmontables.

3. Les problèmes sont difficiles à détecter, et quand ils le sont ne sont pas traités au bon niveau. En clair : cela ne peut qu'empirer.

4. Les utilisateurs en redemandent. La dérive du cahier des charges change les rapports avec le prestataire à la fin de la réalisation.

On connaît des échecs retentissants : en France la Bibliothèque Nationale de France dont le système informatique est (paraît-il) très en-dessous de ce qui était prévu, le système informatique commercial d'EDF-GDF qui ne peut pas voir le jour, et l'on se souvient des plantages du système de réservation de la SNCF Socrate en 1993, puis en 2004 Mosaïque, son successeur, qui aura une panne de plusieurs jours en plein été. En novembre 2004, le Ministère du Travail anglais a été paralysé pendant quatre jours par un simple test de migration logicielle (qui ne devait concerner que 10 postes et qui en impliqua finalement 80 000 !).

Aussi différents soient ces exemples, deux ingrédients y sont toujours présents : le trop grand nombre d'intermédiaires et la mauvaise gestion du risque devant la complexité. La présence d'un intégrateur qui sous-traite en cascade est en apparence la garantie de la cohérence d'un système. Mais *celui qui unit est aussi celui qui sépare.* Le risque d'échec du projet n'est pas intégré au projet lui-même comme un paramètre, et surtout le changement induit par la conduite du projet est rarement pris en compte.

S'inspirer des carrefours giratoires

Vous avez remarqué que pendant les travaux, la circulation continue ? (1) La conséquence est que l'on ne peut pas faire n'importe quel carrefour en fonction de l'existant ; (2) on ne peut pas non plus bâtir n'importe quel carrefour giratoire n'importe comment.

Les cas examinés par le *Chaos report* sont à ce titre effrayants par leurs coûts. En 1987, le service des véhicules motorisés de l'État de Californie a dépensé en vain 45 millions de dollars pour améliorer le processus de délivrance et d'enregistrement des carte-grises et des permis de conduire. En 1994, American Air Lines jetait l'éponge après avoir dépensé en vain 165 millions de dollars pour un système de réservation de voitures et d'hôtel. Et combien d'échecs célèbres pour d'autres qu'on préfère essayer d'oublier ? Dans de grandes administrations, des systèmes pharaoniques ont été développés, sur des années, abandonnés, repris, livrés, pour ne pas être utilisés, ou pour être remplacés avant la fin de leur réalisation. Cela relève parfois de la caricature pour de très grands projets. Deux ans pour écrire un cahier des charges, quatre ans (quand ce n'est pas dix) pour la réalisation. Il faut imaginer le désastre à l'arrivée. Lorsque les années passent sur un projet, les technologies ont changé quelquefois très profondément. Un projet qui n'a pas intégré son propre changement est mort-né. Au moment de la *réception* on mesure qu'on a obtenu ce qu'on a demandé, cela correspondait aux besoins escomptés il y a cinq ans et décrits il y a cinq ans, et a été réalisé au mieux avec des technologies qui ont trois ans. Il faut donc penser à remplacer le système au moment de sa mise en service.

Principe de Peters, version informatique

C'est la version informatique du principe de Peters : un système informatique est obsolète le jour de sa livraison...

Et encore. Il arrive qu'entre temps, quand le besoin s'est fait pressant, quelques bidouilleurs aient réalisé en interne un système léger et fonctionnel qui donnait satisfaction. La direction générale a laissé faire, et le système qui a été commandé ne peut pas être mis en service, car le besoin est déjà satisfait. On a payé pour rien.

Que faire ? Il faut tirer les leçons de ce qui s'est passé, plutôt que de repartir dans un nouveau tunnel, tête baissée.

Il faut arrêter de croire qu'on sait ce qu'on veut

Si l'on demande à quelqu'un de *répondre* à notre besoin, c'est en partie parce qu'on ne *sait pas* ce qu'on veut. Naguère, quelqu'un a suggéré de demander aux lycéens, via un questionnaire, ce qu'ils voulaient apprendre. Certains d'entre eux ont répondu judicieusement : « on ne sait pas, on est justement là pour apprendre ». *Avoir* un besoin et *exprimer* ce besoin ne sont pas la même chose. À exprimer le besoin dans le langage qui *perçoit* le besoin, on est fatalement dans le « plus ça change, plus c'est la même chose » (Watzlawick ajoute dans un de ses articles, taquin : *proverbe français...*)

Tranche de vie

Deux autres raisons expliquent qu'on ne sache pas ce qu'on veut. Un projet informatique relève parfois plus du plan de carrière d'un chef de projet que du besoin à satisfaire urgemment pour son entreprise ou son institution. Le cadre dynamique qui a réussi à persuader que c'est ce qu'il faut faire et qui pilote le projet *sait ce qu'il veut*, lui...

Un projet informatique est aussi souvent un instrument de management pour une direction générale, qui y voit un moyen habile d'évaluer son personnel, de provoquer des changements, d'induire des processus différents. La direction générale, là aussi, *sait ce qu'elle veut*. De quelque manière qu'on s'y prenne, la réponse était dans la question : on aura ce qu'on a demandé. *Tu l'auras voulu !*

Les *méthodes agiles* permettent d'interagir avec les utilisateurs, en les impliquant en continu pendant la réalisation. Il ne s'agit plus alors de *coller au besoin exprimé* (tu l'as dit !), mais de coller au besoin qui se reformule au fur et à mesure.

Un obstacle semble hélas se dresser devant cette pratique pour les marchés publics : le code des marchés n'envisage pas qu'on ne sache pas ce qu'on veut ! Le besoin doit être exprimé avec précision et tant pis si l'on s'aperçoit après paiement que l'expression du besoin était erronée[118]. Le code des marchés est-il fait pour l'acheteur ou est-ce l'inverse ?

Il suffit de se dire qu'**on a besoin de savoir de quoi on a besoin**. Si le besoin est flou et contient la nécessité de se faire accompagner pour le reformuler et y répondre, ce besoin-là peut s'exprimer avec précision. Le véritable rôle d'une assistance à maîtrise d'ouvrage n'est pas de faire le travail à la place des gens, mais de les aider à le faire ! D'ailleurs, de grandes administrations, par exemple la Commission Européenne, commencent à voir dans les méthodes agiles des instruments adéquats pour la commande publique.

Il est arrivé fréquemment qu'une solution d'*attente*, réalisée en interne par la simple bonne volonté, donne satisfaction. Il arrive même parfois que cette solution soit élégante et quasi optimale. Ce qui est assez étonnant, c'est que les processus qui ont donné naissance à ces solutions sont très rarement considérés, et que l'on n'essaie pas de les exploiter. Les utilisateurs sont capables de répondre à leurs besoins, pourquoi chercher loin la solution que l'on a peut-être sous les yeux ? Dans le domaine de la qualité, on le sait, l'implication de tous est une clé. Le seul domaine toutefois où les utilisateurs sont *a priori* incompétents est l'informatique. On s'en sert même comme d'une excuse : ils ne supporteront pas ce changement...

« Il n'est de richesse que d'hommes » disait Jean Bodin. Et à trop externaliser l'on oublie cela. Dans une matière aussi fluctuante que l'informatique, dans laquelle les structures des métiers ne sont jamais adaptées à la pratique réelle, il est évident qu'il ne faut jurer de rien, que « tout est bon »[119]. Une des raisons du succès de la formidable migration de la gendarmerie nationale française tient à un ingrédient de leur démarche : « et si nous avions la solution sous nos yeux ». Il est vrai que deux choses prédisposaient la gendarmerie à aller dans cette direction : d'une part la présence au sein des services centraux informatiques d'hommes de l'art qui savaient par expérience au sein de projets libres combien le collaboratif peut être un puissant vecteur de motivation, et d'autre part le bon niveau technique des gendarmes, qui hier étaient des radio-amateurs passionnés, et aujourd'hui s'intéressent à l'informatique plus qu'à leur tour.

La gendarmerie donc, parce qu'elle veut faire sortir sur Internet toutes les brigades, a besoin de sécuriser son intranet. Les dossiers nominatifs qui sont utilisés requièrent évidemment de la prudence. Il existait, comme souvent ailleurs, une *informatique grise* – ces programmes qui n'ont pas été installés par le service informatique, mais qui sont très pratiques, ces bidouilles sur lesquelles on ferme les yeux, parce que « sans elles ça marche moins bien ». Des gendarmes avaient développé pour leurs collègues en particulier des applications destinées à se faciliter la tâche pour renseigner des procès verbaux de nature très variées. On pourrait croire qu'en haut lieu on a décidé de faire le grand nettoyage à la faveur de la migration vers OpenOffice.org / Firefox / Thunderbird, confiant à des prestataires extérieurs le soin de faire bien ce qui aurait été mal fait par des amateurs. Que nenni ! On s'avisa avec beaucoup de sagesse que ce qui marche ne peut pas être complètement mauvais. Ces gendarmes qui prenaient sur leur temps libre pour programmer des applications informatiques destinées à faciliter le travail de leurs collègues, ces autodidactes généreux, la hiérarchie a eu l'idée de génie de les réunir dans une *dream team*, de les *reconnaître* devant tous leurs collègues. Un peu comme si l'on disait : « ce qu'ils ont fait dans l'ombre et officieusement, ils le feront le jour et officiellement ». Inutile de dire que cette reconnaissance a été un facteur essentiel d'acceptation du changement, et, inutile de le dire aussi, un gage de qualité des applications développées, par des hommes qui savaient très précisément à quels besoins ils devaient répondre : les leurs !

Livres utiles ?

📖 *Gestion de projet Extreme Programming*, J.-L. Bénard *et al.*, Eyrolles 2002

📖 *Gestion de projet - Vers les méthodes agiles*, V. Messager-Rota, Eyrolles 2007

Discours de la méthode

Appliquons maintenant les quatre règles de la méthode de Descartes à la conduite d'un projet informatique.

Règle du critère

Il faut commencer par se demander à quelle condition on saura qu'on a ce qu'on voulait (à distinguer de l'expression du besoin – on peut par exemple préférer avoir moins, mais *vite)*. L'utilisateur n'a exprimé son besoin que d'après la perception qu'il en a. Il veut quelque chose, mais quoi ? Sait-il exactement *ce* dont il a besoin ? Veut-il changer quelque chose qui ne va pas ou changer pour changer ? C'est qu'une fois le besoin « satisfait », on risque de s'apercevoir qu'on voulait autre chose. Un peu comme un groupe malade exclurait l'un des siens qui va porter le symptôme, on a *besoin* de se débarrasser du bouc émissaire, et une fois débarrassé de lui, c'est un autre membre du groupe qui tombe malade...

Avant d'exprimer le besoin, il faut donc essayer de savoir à quelle condition on aura satisfait le besoin, au lieu de se condamner à déplacer le problème. La manière de répondre à cette question est parfois plus intéressante que le besoin exprimé lui-même : on *veut* ce qu'on *sait*. C'est notre manière de comprendre les choses qui engendre notre expression du besoin. En d'autres termes : nous disons le changement avec les mots de l'habitude. Bien répondre au besoin, c'est souvent le reformuler.

On veut ce qu'on sait...

« (...) notre volonté ne se portant naturellement à désirer que les choses que notre entendement lui représente en quelque façon comme possibles (...) »
Descartes, *Discours de la méthode*, 3e partie.

Règle de l'analyse

Diviser les difficultés en autant de parties qu'il serait requis pour les mieux résoudre. Chaque problème à résoudre doit être lisible, compréhensible. Un cahier des charges peut être long, mais cela ne l'empêche pas d'être clair. Et d'ailleurs, lorsqu'il est clair il est beaucoup plus court !

Habituellement, au lieu de diviser le problème, de très nombreuses méthodes existent pour *augmenter* sa complexité. On le regarde sous différents angles, et il arrive au problème ce qu'il advenait du malade sur lesquels se penchaient les Diafoirus de Molière : *il mourait guéri.*

Les composants doivent être les plus petits possibles.

Règle de la synthèse

Procéder au fur et à mesure de la réalisation par assemblage. La solution d'un problème compliquée n'est pas une solution compliquée : c'est simplement un assemblage de solutions simples.

Règle du dénombrement

Vérifier, vérifier sans cesse ! *Les méthodes agiles.*

Le processus de construction du logiciel libre est continu. Même s'il faut de temps en temps geler les demandes d'améliorations pour corriger celles qui sont en cours afin de produire une version de référence, nous sommes heureusement très loin de la production *en mode tunnel.*

Acheter autrement !

On le voit, le logiciel libre est un processus différent de production, qui a un impact sur le processus d'achat/vente.

Il est parfaitement inutile de demander des quotas dans les appels d'offres ou des réformes particulières du code des marchés publics, voire des encouragements particuliers pour le logiciel libre ; il n'en n'a nul besoin. Il suffirait de faire appliquer les lois. Les codes des marchés publics, en Europe du moins, ne font absolument pas obstacle aux logiciels libres[120]. Les obstacles sont culturels.

6

Vers les forges comme places de marché

Les conflits d'intérêt au sein de l'écosystème du logiciel libre sont donc le signe de son développement. Témoins de cette évolution : les forges de développement logiciel, ces usines à collaborer qui sont en train de se transformer.
À terme, ce seront de véritables places de marchés, où se retrouveront tous les acteurs de cet écosystème.

Des conflits d'intérêts

Si cette représentation diachronique de l'arrivée du logiciel libre est juste, le monde du logiciel libre, loin d'être une grande famille unie, est traversé de tensions et de conflits souvent très rudes. Trois lignes de fractures au moins peuvent être identifiées :

- entre les communautés bénévoles et le monde de l'industrie ;
- entre les clients et leurs prestataires ;
- entre les utilisateurs amateurs et les utilisateurs professionnels.

Prestataire et client n'ont pas le même intérêt !

À mesure que le logiciel libre quitte l'*informatique pour informaticiens* pour s'acheminer finalement vers les logiciels métier, des conflits d'intérêt entre les acteurs expliquent que tous n'aient pas intérêt à décrire tous les modèles possibles... Il ne faut donc pas s'étonner que les modèles de mutualisation soient peu décrits.

Les communautés hors du secteur marchand ont leur logique, mais des ressources invisibles y sont en fait injectées, par des entreprises ayant intérêt à y participer activement. Ces communautés d'entreprises professionnalisent le modèle en mutualisant leur effort de développement dans le domaine du middleware (comme c'est le cas dans le groupe Apache ou au sein du consortium OW2). Par ailleurs, les communautés métier, en commençant par le secteur public, tentent de s'organiser pour développer des logiciels métier dont elles puissent maîtriser le développement.

> Ce n'est pas une foire d'empoigne illisible : au delà de quelques péripéties relevant de complexions personnelles, le dessin général de ces conflits est lisible : ce sont clairement des conflits d'*intérêts*. Ils révèlent la logique de ce qui se déploie.

La chronologie

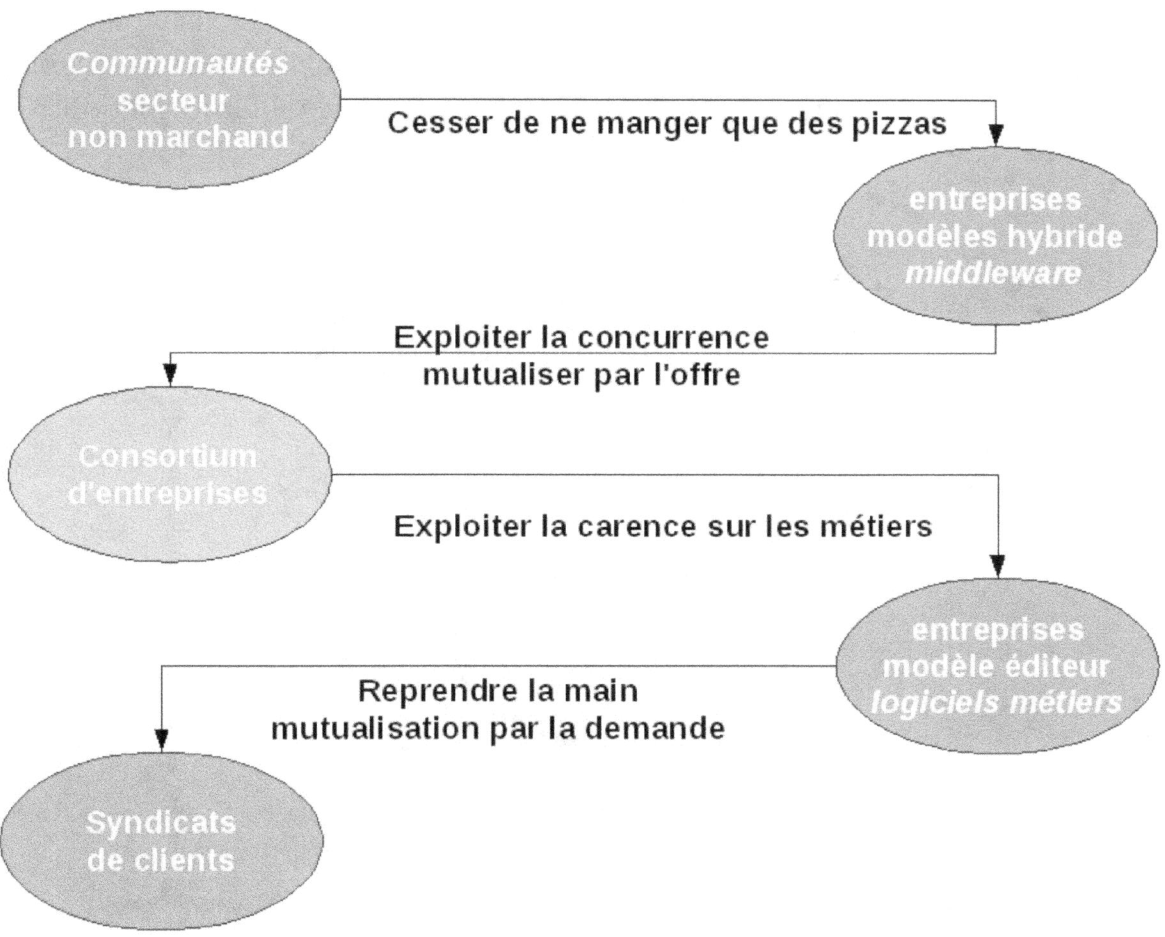

Le long fleuve tranquille

On pourrait cacher d'un voile pudique ces querelles de famille sous prétexte qu'elles affaiblissent l'implantation du logiciel libre et profitent à ses adversaires. Ce serait une erreur : ce qui importe plus que tout, c'est qu'au sein de cette communauté on ne se trompe pas d'ennemi. Ces conflits sont le signe même de l'avancée du logiciel libre.

Dieu, gardez-moi de mes amis, mes ennemis je m'en charge.[121]

Il faut donc bien décrire ces conflits afin de montrer que le logiciel libre est bien cette déferlante qui, *par des rouleaux successifs*, transforme irréversiblement le monde du traitement de l'information, au siècle de l'information.

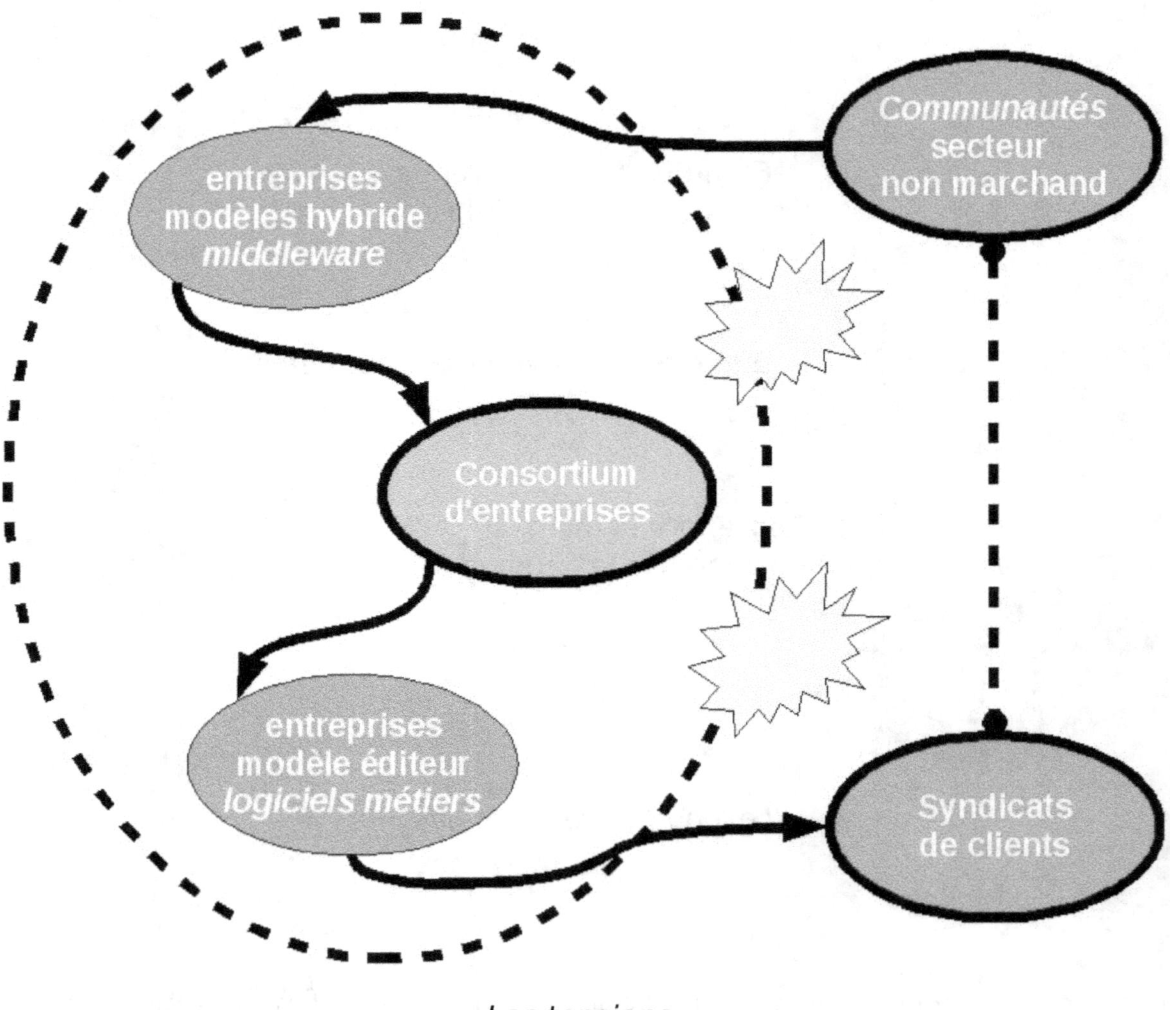

Les tensions

Le bénévolat ne peut être la règle !

Au lieu de s'émerveiller benoîtement de ce que les effets de réseaux puissent produire de la valeur, on devrait au contraire se scandaliser qu'à la faveur de ce que masquent les réseaux on puisse retrouver cet hydre que l'on a combattu naguère : *le travail non payé[122]*.

Bien sûr, de très nombreux contributeurs sont bénévoles et souhaitent le rester. Comme des millions de nos contemporains qui se consacrent plusieurs heures par semaine à leur association, c'est une passion qui perdrait tout intérêt si elle devenait astreignante. Mais il y a aussi des développeurs que ça ne dérangerait pas trop de gagner leur vie avec ce qu'ils savent faire... Et ce ne sont pas des traîtres à la cause.

Contrairement à l'illusion de beaucoup, le passage à l'échelle est impossible avec la même proportion de bénévoles. Si toute l'informatique devient libre, il est déraisonnable de penser que les développeurs qui étaient rémunérés par l'informatique propriétaire pour produire du code vont soudain devenir joyeusement bénévoles. On répondra qu'il vendront du service ; mais le service dépose très peu de code. Ce n'est donc pas une réponse.

> Les abeilles ne vont pas devenir de plus en plus nombreuses. Simplement les apiculteurs vont apprendre à butiner, et les amateurs de miel aussi.

Vers des communautés d'amateurs jalouses

Sans doute de nombreux contributeurs à des projets libres ne voient-ils aujourd'hui rien à redire au *business* qui se fait par des habiles – qui récoltent le bon miel de la ruche bourdonnante du travail incessant des abeilles. Pour autant il ne faut pas compter que cela dure très longtemps. Le processus de maturation n'en est qu'à ses débuts ; le monde du logiciel libre, même s'il se voit, n'est qu'une infime partie de la force de développement disponible. Cette communauté en effervescence est dans l'enthousiasme, car elle est en train de changer le monde – et cela mérite bien des sacrifices.

Mais le jour où la révolution s'installe, elle n'est plus révolutionnaire, et la *servitude volontaire* n'est plus si facile à consentir, en particulier à mesure que la récolte du miel se fera plus insolente.

Il est probable que les choses se stabiliseront et que les entreprises qui ont profité de la phase transitoire via des systèmes à double licence ou de la gestion de garantie vont progressivement rejoindre l'écosystème des entreprises qui mutualisent leur effort de recherche et développement (R&D) à l'échelle planétaire.

Les communautés d'amateurs seront de plus en plus jalouses de leur indépendance, et en particulier soucieuses de l'entrisme des entreprises dans leur développement.

Vers des communautés industrielles intégrées

Pour le développement de composants logiciels robustes, la coopétition entre entreprises a montré son excellence. Dès lors que les universités développent elles aussi des applications de très haut niveau (beaucoup de grands logiciels libres ont eu derrière eux une université !), il est évident que l'informatique mondiale dans le domaine de l'infrastructure va avoir tendance à s'unifier autour de briques solides et éprouvées.

Logiciels libres issus d'universités et instituts de recherche

Rappelons que PostgreSQL vient de Berkeley, YAWL de Queensland, Amanda du Maryland, XEN de l'université de Cambridge (UK), GNU Emacs et X Window du MIT, Linux de l'université d'Helsinki, Apache de l'université de l'Illinois, Python de l'Institut national de recherche néerlandais en mathématique et sciences informatiques, MLDonkey de l'INRIA, etc.

Pour autant, il faut le répéter, pour les domaines informatiques qui sont les plus coûteux, cela ne change pas grand chose pour les clients, qui n'en profitent pas tant qu'on le dit...

Vers des communautés de clients !

Ils avaient quitté le monde du *spécifique* pour rentrer dans le monde du *progiciel* porté par des éditeurs, et s'en étaient finalement trouvés fort bien au début. C'était une mutualisation par l'offre qui leur permettait d'arrêter de rémunérer des informaticiens en régie pour maintenir des applications à façon. Comment ces clients voudraient-ils quitter le monde du progiciel pour retrouver à nouveau des applications sur mesure dans le domaine des métiers ? C'est que les clients veulent aussi mutualiser, remplacer la mutualisation par l'offre en mutualisation par la demande... Et ils ont déjà commencé – ainsi quoi d'étonnant à ce qu'ils ne se fassent pas que des amis dans le monde des entreprises (du monde propriétaire comme du monde du logiciel libre d'ailleurs...).

Le point d'équilibre entre communautés de clients et de prestataires

> La frontière va se stabiliser à mesure que les logiciels métier développés par ces communautés de clients vont intégrer et adopter les briques produites par les communautés de prestataires. Et ce sera tout bénéfice pour les uns et les autres : ceux qui veulent faire de l'argent *et* ceux qui veulent faire des économies !

Bénévoles et clients : même combat ?

La relation entre les communautés non marchandes et les communautés de clients coalisés est une des clés des évolutions que nous vivons à la fin de la première décennie du XXIe siècle.

Le discours de l'open source d'entreprise, dominant dans les médias spécialisés, va encore cacher un temps la volonté des communautés métier de conquérir leur autonomie afin de piloter par elles-mêmes leurs développements. Mais les choses sont en train de changer.

Tôt ou tard **ce souci d'indépendance réunira les communautés bénévoles et les communautés métier,** en particulier parce que ce souci naît d'abord autour de l'argent public et d'une certaine idée du bien commun, qui est assez proche de l'esprit de partage qui règne au sein des communautés non marchandes. Pour l'instant, beaucoup d'associations du libre sont encore *en fait* des associations d'entreprises directement ou indirectement.

L'informatique exploratoire

Il y aura toujours une place pour le *jeu*, pour un développement anarchique et surprenant, reposant sur des personnalités d'exception, des fulgurances. C'est même probablement encore longtemps dans ce registre que les avancées et les inventions vont chercher leur inspiration. Entre les universités et les entreprises, l'informatique va devenir visiblement de plus en plus proche des mathématiques : moins dispersée et brouillonne, plus rigoureuse (le développement rapide du secteur des *preuves de programmes* dans le logiciel libre est le signe très net de la maturité).

Des briques de plus en plus petites

De même qu'Unix a imposé le principe de *ne faire qu'une chose et la faire bien*, il est très probable qu'après l'explosion que nous avons connue (dans le nombre de langages par exemple) et après la complexité des architectures que nous connaissons (où se mêlent les architectures client-serveur, trois tiers, les mainframes-terminaux revenant avec les clients fins, le SaaS, le pair-à-pair et j'en passe) les choses se calment et que le tri se fasse très sévèrement entre de petites briques concurrentes sur des architectures adaptées à leur fonction.

La philosophie d'Unix pour Douglas McIlroy

- Écrivez des programmes qui effectuent une seule chose et qui le font bien.
- Écrivez des programmes qui collaborent.
- Écrivez des programmes pour gérer des flux de texte, car c'est une interface universelle.

Pour l'instant beaucoup de logiciels libres *imitent* encore les logiciels propriétaires, et dans l'ensemble les architectures ne sont pas encore trop touchées par les effets de réseaux et la nature libre du code. Mais il est remarquable que l'éclatement de projets en greffons (plug-ins) conduit à rendre ces projets plus solides, avec des collaborations nombreuses. C'est ce qui est arrivé à Firefox, à OpenOffice.org et au projet Lutèce, de la ville de Paris.

De la génération automatique de code

Par ailleurs, le génie logiciel continue de travailler sur la génération automatique de code. Il est très probable que c'est dans le domaine des logiciels métier qu'il trouverait le plus aisément et le plus utilement son application. Les experts métier peuvent décrire les processus métier. Il est souhaitable de passer le plus vite possible, et le plus automatiquement possible **de la modélisation métier à la production de l'application**. Il est de bon ton de ne plus y croire, à ce serpent de mer qu'est la génération de code. Mais le succès de Ruby on Rails ou de CakePHP est un indice intéressant.

Vers les places de marché logicielles

DÉFINITION Ce qu'est une forge logicielle

> Une forge est un atelier logiciel, en général en ligne, qui permet de gérer les versions d'un logiciel et surtout le travail collaboratif de nombreuses personnes sur le même code, en aidant la gestion des arbitrages, la remontée de bugs et leur répartition, la publication de la documentation et des paquetages, et bien sûr le téléchargement.

Une forge repose sur un *dépôt* de code (CVS ou SVN sont les types de dépôts les plus répandus) permettant de gerér l'historique des transformations du code. Cela permet à des développeurs de travailler en même temps sur un logiciel, la forge fournissant les outils permettant d'arbitrer les conflits s'il y a lieu. Le développement du logiciel est ainsi continu. Autour de ce dépôt, la forge fournit des outils de communication ou de travail collaboratif qui permettent de s'informer, de poser une question, d'y répondre, de produire de la documentation, de fabriquer des paquetages, de les télécharger, etc.

En dehors des aspects techniques, la forge réunit dans son concept trois populations très différentes : des utilisateurs (particuliers, sociétés de services) qui viennent télécharger des logiciels ; des développeurs (amateurs et professionnels) qui font évoluer le logiciel ; enfin des industriels qui exploitent les logiciels en situation de production. Car, et c'est un fait récent, les forges commencent à intégrer des outils qui leur permettent d'être en prise directe avec des lignes de production.

Quelques forges publiques

La plus célèbre et la plus grande des forges est http://sourceforge.net.
Née en mars 2003 http://adullact.net est la première forge publique dédiée aux projets sur fonds publics en France, elle accueille depuis septembre 2008 les projets de la plate-forme Admisource.
IDABC a monté une forge européenne, http://www.osor.eu, inaugurée officiellement à Malaga en octobre 2008.

À l'heure actuelle, les forges en sont encore à leurs débuts. SourceForge vit de la publicité et tente de générer des flux d'affaires sur la forge. Partout en Europe où les services publics (d'État ou de collectivité) montent des forges de développement logiciel on trouve la même préoccupation : comment *industrialiser*[123] ces forges, en faire des places de marché[124].

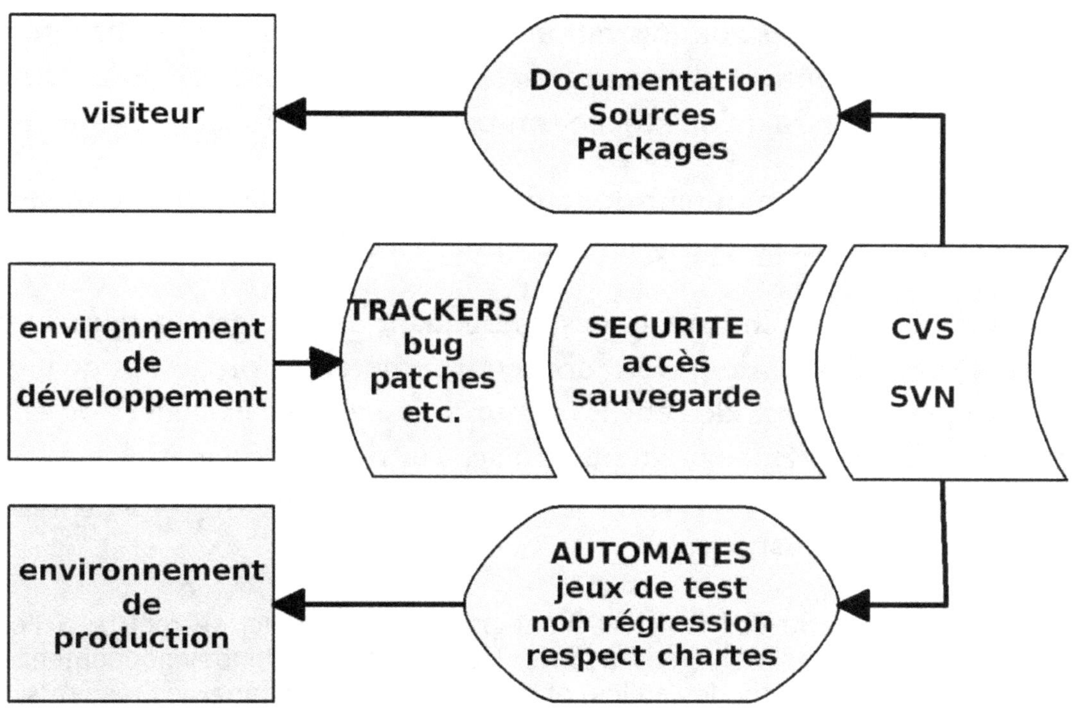

Les forges d'aujourd'hui

Au moment de l'annonce de l'attribution du marché pour OSOR (dont Patrick Sinz et votre serviteur avions donné l'idée à IDABC), un consultant, Eddie Beasdale (NetProject) s'étonnait :

> *Je m'interroge sur le besoin d'une initiative gouvernementale pour gérer le code des projets open source. Que reproche-t-on à Source-Forge, où l'on trouve déjà tous les outils nécessaires ?[125]*

La question est bien posée : c'est précisément à cette question que l'Adullact avait répondu dès 2003. Que reproche-t-on à SourceForge ?

Primo le logiciel qui fait tourner SourceForge n'est plus libre, d'où le choix de GForge. Secundo les administrations et les collectivités ne souhaitent pas confier leur code source à une entreprise, mais le maîtriser comme un *patrimoine*. Tertio, il est rare qu'on stocke son patrimoine national à l'étranger.

Partout en Europe se montent donc des forges publiques pour le développement de patrimoine logiciel, rien d'étonnant à cela.

De très grands projets informatiques, impliquant déjà de gros acteurs industriels qui doivent, en code ouvert, apprendre à gérer les processus qualité et de développement à grande échelle, de surcroît avec des exigences de confidentialité et de sécurité, se mettent en place sur des forges adaptées. Ils sont probablement les signes précurseurs d'une mutualisation par la demande chez leurs clients industriels.

> Plus de 80 % de ces logiciels n'ont pas de licence. Ici se mettre à l'open source signifie simplement adopter ses méthodes de développement (en particulier des méthodes agiles) et ses outils, et en partager les résultats.

La DGME vient de migrer les projets de la forge de l'État, Admisource (ADELE 128), créée par l'ADAE, sur la forge de l'Adullact. En prolongement de cela, adullact.net pourrait proposer une nouvelle manière de présenter les projets libres. Jusqu'à présent, les forges étaient faites pour des techniciens. Il faut que l'on puisse y lire simplement, sans artifice technique, les *contributions* de chacun : maître d'ouvrage et maître d'œuvre, acteur public et prestataire.

	dépot de TRUC v.0.6	10 K€	
	export vers la suite OOo compatibilité avec Webdelib	0.3 K€	
	plugin Lutèce pour TRUC	1 K€	
	traduction succinte de la documentation de prise en main en allemand, espagnol et anglais	2 K€	
	audit de sécurité et upgrade adaptation pour Liberacces	23 K€	

Exemple de description de contributions

Le mouvement sera à son terme, et deviendra la norme du développement logiciel, avec des forges où des développeurs concurrents partageront en aval du code source sur les mêmes projets et où les acteurs publics et privés mutualiseront en amont leurs besoins[126].

> Les clients publics utilisent des applications plus *simples* et qui relèvent pour la majeure partie de l'informatique de gestion. Les niveaux de complexité ne sont pas exactement les mêmes pour la gestion de la cantine scolaire et pour envoyer la fusée Ariane dans l'espace. Les forges *de première génération* suffisent amplement pour développer l'administration électronique. La question essentielle ne porte donc pas sur la forge elle-même comme outil technique, mais sur l'écosystème autour de la forge.

Des forges clients et des forges industrielles

Nous assistons aujourd'hui à une divergence des forges. En fait, après les forges historiques, nous voyons apparaître deux autres types de forges, assez différentes, celles industrielles de type OW2 et celles de clients comme l'Adullact.

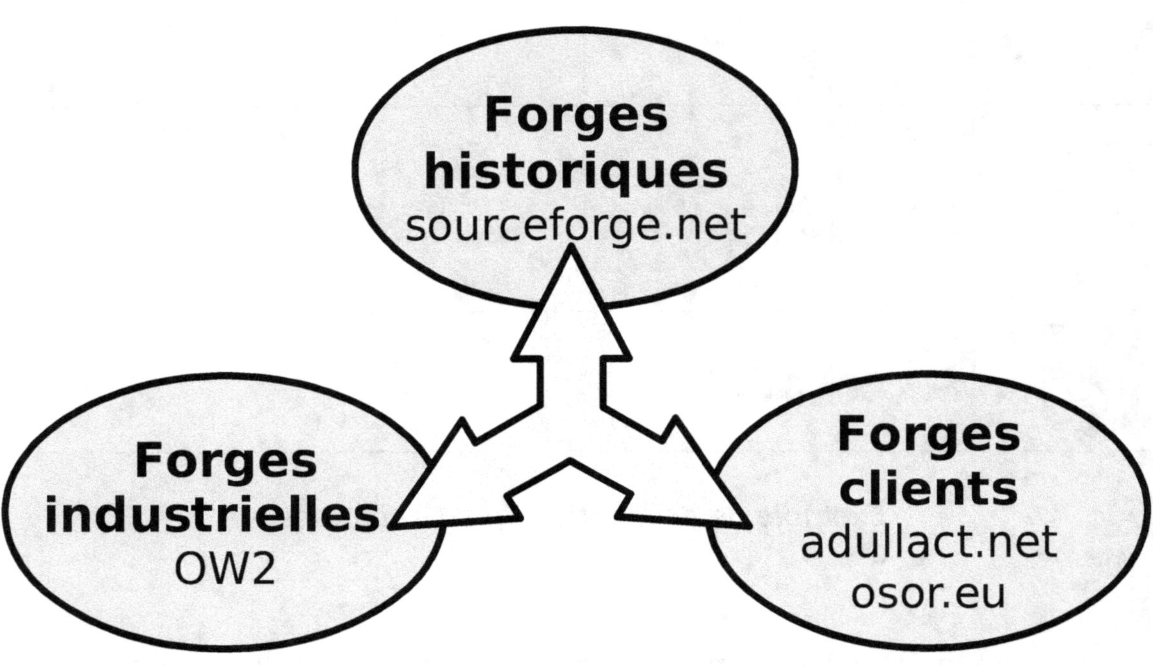

Divergence des forges

Les grandes forges historiques

Les forges historiques telles que SourceForge sont des outils en ligne réputés pérennes. Même si la dimension *téléchargement* est devenu simple pour l'utilisateur/visiteur lambda, leur ergonomie n'a pas beaucoup changé : elles restent des outils complexes, mais gardent pour elles leur caractère massif, leur taxinomie et l'unité de leur ergonomie. L'accès au téléchargement est simplement un peu plus lisible.

La prolifération des forges est un phénomène nouveau. Pour diverses raisons (sécurité, appropriation des outils, effet de communication, etc.), des systèmes de forges se sont multipliés et leurs instances également : des projets ou des grappes de projets ont monté leurs propres forges.

Des industriels ont développé des systèmes de forges dans le but de les rendre capables de s'adapter à des environnements complexes (LibreSource, NovaForge).

Des acteurs nouveaux apparaissent : les clients (les utilisateurs qui paient). Adullact.net, Osor.eu par exemple.

Des forges industrielles

Les forges industrielles ont rendu plus solides les couches basses de leurs infrastructures : synchronisation de forges, gestion de sécurité forte, utilisation dans des conditions de production, intégration de bancs tests.

Des forges pour les logiciels métier

À l'inverse les forges publiques se préoccupent, elles, de la cosmétique, afin de rassurer les utilisateurs non spécialistes et encourager leur collaboration.

Une absurde séparation !

La situation va rapidement devenir absurde, et l'on a tout intérêt à imaginer une forge capable de bénéficier de tous ces atouts :
- une ergonomie *unique* pour les développeurs et pour les utilisateurs ;
- des outils solides pour l'industrie ;
- une apparence non technique et un soin donné à la simplicité.

La forge comme place de marché

Il est déraisonnable d'imaginer une reconvergence, après la prolifération des forges. Mais l'on voit déjà se développer l'idée d'une forge distribuée. Le greffon développé par l'Adullact et repris par OSOR permettant de chercher dans d'autres forges rend l'identité des forges presque sans importance. Il est probable que les choses vont continuer dans ce sens, et que la forge de l'avenir sera un ensemble de forges interconnectées, ou *grid de forges*.

Rien n'interdit de voir converger les efforts vers le bas ou vers la surface des forges, visant à les renforcer ou visant à les rendre plus simples.

Le problème n'est pas technique, mais économique : voici à quoi pourrait ressembler le comportement d'achat de demain en informatique, dont on va voir qu'il reposera sur une *forge place de marché*.

Du côté de la demande, publique ou privée, se mettraient en place des dispositifs capables de modéliser des réponses à granularité fine, à des besoins génériques : en d'autres termes des dispositifs permettant de rendre fonctionnellement très rentable une réponse groupée à un besoin.

Du côté de l'offre, se mettraient en place des structures capables de répondre à ces demandes, en exploitant le potentiel des sociétés de services et des individus *free lance*.

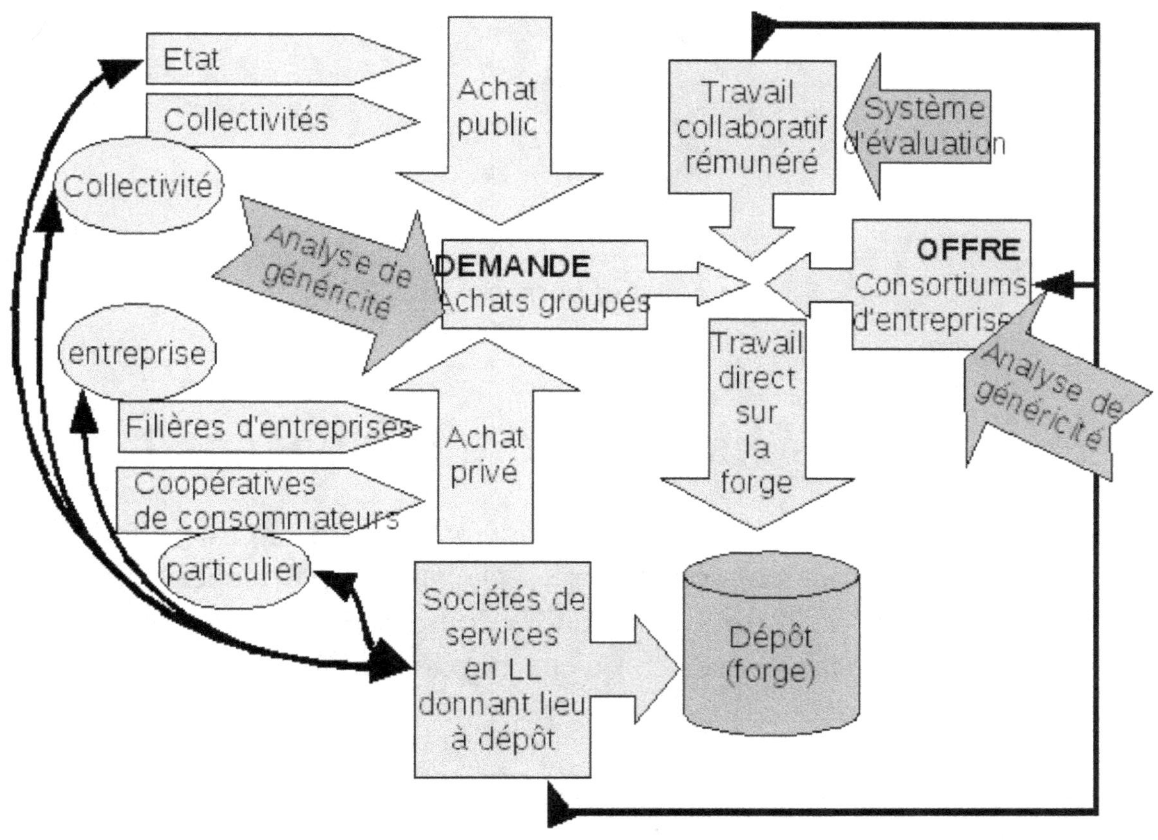

Flux dans la forge place de marché

De manière générale, la structure de la forge serait faite pour que chacun, cherchant son intérêt, produise mécaniquement une architecture-cible qui soit de l'intérêt général.

Le nœud borroméen

Les trois clés : généricité, évaluation, dépôt

Cela semble aller sans dire, mais cela va mieux en le disant : il faut tendre à ce que tout développement soit déposé. Cela vaut en particulier pour le service. L'architecture de la forge doit rendre coûteux pour une société de services le fait de ne pas déposer ce qu'elle développe pour un client, afin de l'inciter mécaniquement à déposer.

De même, l'architecture de la forge place de marché doit rendre très économique le fait de recourir à un achat groupé avec *contrôle du caractère générique de la demande.*

Cette forge mettrait fin à la distance étrange entre contribution et rétribution en organisant la disparition du travail non payé, par de la *redistribution vers des développeurs*, qui travailleraient au sein de communautés souples mais professionnalisées. Le mécanisme d'évaluation permettrait d'éviter que chaque projet perde inutilement de l'énergie à monter une structure juridique destinée à récolter des fonds et assurer sa survie.

Un écosystème complet

Au carrefour de ces trois communautés, de développeurs *amateurs*, d'industriels de l'informatique et de clients (d'abord publics puis rapidement publics et privés), un écosystème peut se mettre en place autour d'un grid de forges.

Le marché, rien que le marché !

Sans doute les fondations sont-elles un système permettant, dans une situation intermédiaire, de garantir l'existence de *maquettes*. Mais le changement d'échelle rend nécessaire le recours à d'autres dispositifs. À moins d'imaginer un système totalement dirigé avec un unique client et un unique producteur, il est prudent d'espérer que la source normale de financement de la production de code sera le marché lui-même.

Investir, c'est avoir tôt ou tard une mentalité de propriétaire. On ne peut pas *investir dans un logiciel libre*. Soit ce n'est pas de l'investissement (la donation d'une fondation, ou le fait d'un investisseur qui sait pouvoir se refaire sans menacer la liberté du code), soit la *liberté* du logiciel est menacée, par la viscosité que mettront les investisseurs pour empêcher désespérément la concurrence de menacer leurs espoirs.

> *Quand je donne une conférence sur le sujet, je commence mon discours en posant deux questions : combien de personnes dans l'audience sont payées pour écrire du logiciel et pour combien d'entre ces dernières le salaire est lié à la vente de leur logiciel. Généralement, une forêt de mains se dresse à la première question, et très peu ou pas du tout pour la deuxième, ce qui provoque toujours une grande surprise dans l'assistance [Raymond, 1999].*

On décrit ordinairement comme étant plus grande la création de valeur *autour* du logiciel que celle de sa vente (en fait sa location).

S'il s'agit bien de vendre du service sur le logiciel, alors il faut aller jusqu'au bout du raisonnement. Dans le logiciel libre, le développement est un service comme un autre, mais qui produit une ressource inépuisable... Autrement dit, *on ne devrait développer de logiciel libre qu'à l'occasion d'un marché.*

Le paradoxe est qu'aujourd'hui, en situation intermédiaire, nous voyons presque tout l'inverse : des amateurs qui développent du logiciel libre sans rémunération, ou des industriels qui font des économies de R&D en investissant moins, mais en investissant quand même dans de l'open source. Pendant ce temps, sur le marché réel du service, des développements spécifiques sont réalisés qui donnent lieu à très peu de dépôt et semblent quasi complètement déconnectés du circuit réel de la production du logiciel libre, comme s'il s'agissait de développements en aval des projets libres, sans nécessité intrinsèque de remontée.

Mais dans une situation de maturité des rapports entre les acteurs, il devient évident qu'idéalement (1) le développement ne doit avoir lieu que pour répondre à un marché, et que (2) tout développement doit être déposé. Le premier point réclame que le travail non payé des abeilles cesse d'être le moyen présenté comme celui capable de produise le meilleur miel ! Le second point réclame une rationalisation de la présentation du besoin, avec un contrôle fort de la généricité des besoins, et la production pour y répondre de briques petites, souples et robustes, capables d'interagir ensemble, et pouvant bénéficier d'améliorations fines réalisées à l'occasion de marchés de services.

La forge comme réseau social productif

Un véritable réseau social productif, voilà ce que serait la communauté autour de la forge place de marché. Au lieu d'être la première forme du *crowdsourcing* permettant à quelques habiles de surfer sur la vague 2.0, le logiciel libre sera la première version du mode de production des objets numériques : ces objets étranges, qui réclament du travail, et qui, *une fois produits*, sont une ressource inépuisable.

Valorisant les compétences et encourageant la collaboration, ce réseau fait descendre la coopétition entre les individus eux-mêmes.

La métrique est la clé

De même que la *formule* permettant de retrouver une information pertinente a fait le succès de Google, c'est bien la *formule* permettant d'évaluer d'une part le travail et d'autre part l'intérêt d'une brique particulière, qui fera le succès ou l'échec d'une forge place de marché.

Si la formule est bonne, on verra sur la forge disparaître rapidement les doublons. Les concurrences inutiles cesseront vite, mécaniquement, par la réduction de la granularité des briques.

Si deux systèmes apparemment concurrents sont modularisés, en briques autonomes, il tendront vite à devenir un seul système, non pas par une volonté commune, mais par la sélection des meilleurs composants granulaires, qui seront, au bout du compte, totalement partagés. À l'inverse de la monnaie dont on dit que la mauvaise chasse la bonne, le bon composant chasse les mauvais.

Normer en amont

Le contrôle de généricité en amont permettrait de faire respecter très sûrement des normes, dans le domaine de l'interopérabilité, de l'internationalisation (préparant les briques à être utilisées dans des univers linguistiques ou culturels différents), de la documentation.

> Idéalement une brique devrait être réduite à un algorithme, séparée de son implémentation dans un langage particulier, séparée de ses interfaces, ou réduite à n'être que *relation abstraite* entre des interfaces.

Chacun y trouve son intérêt

Le hacker bénévole

Trois avantages pour le hacker bénévole. (1) On a tendance à préférer travailler sur une petite brique que dans une usine à gaz. (2) Le fait de ne pas avoir à se préoccuper de mettre en place la structure juridique et économique permettant de faire vivre au sein du projet ceux qui en ont besoin. (3) La possibilité d'être très vite *reconnu* en cas d'un développement utile à tous.

> Les projets modularisés, agrégats de petits greffons, présentent une vivacité remarquable. Le projet *Lutèce*, portail de la ville de Paris (qui est utilisé par Météo-France), a vu croître rapidement les contributions dès lors que son architecture est devenue modulaire, à base de *plugins*.

Le marchand d'open source

Au bout de la logique de la réduction de l'investissement en R&D : un dispositif permettant d'intégrer la R&D en amont dans les marchés. Le *contrôle de généricité* joue ce rôle.

L'intérêt du client mutualiste

Définition Les enchères inversées

> Les enchères électroniques inversées permettent aux acheteurs de mettre en concurrence directe plusieurs offreurs via une place de marché. Un prix maximum est fixé par l'acheteur pour un besoin qu'il a décrit. Contrairement aux enchères traditionnelles ce sont les *offreurs* qui vont, à partir de ce prix de départ, enchérir à la baisse.

C'est aussi l'intérêt du client, au sein d'une activité qu'il sait ne pas exercer seul, que d'avoir confiance dans la capacité d'un système productif à lui offrir les meilleurs des composants pour répondre à son besoin.

Changement technique ? Non, culturel

Derrière l'économie ou la technique, on mesure que les changements requis sont plutôt culturels pour tous les acteurs. Les hackers bénévoles retrouvent la main contre les nouveaux entrants non informaticiens qui perdent naturellement la tentation du pouvoir dès lors que les projets sont de petites briques aux interfaces bien définies.

Les entreprises voient rapidement l'intérêt de travailler ensemble quand elles mesurent nettement les bénéfices escomptés.

Le changement le plus difficile et le plus complexe est encore en partie devant nous : il concerne les clients. Le monde des objets matériels nous a appris à répondre à nos besoins *contre* ou *sans* l'autre. Les outils propriétaires ou la production de service sans dépôt (que ce soit en libre ou pas) nous laisse dans le monde ancien, en faisant du logiciel *comme un objet matériel*. Nous *renouvelons*, même le logiciel.

Pour tirer vraiment bénéfice du logiciel libre, les clients doivent chercher à répondre à leurs besoins ensemble. Dans le monde matériel, on achète un objet pour le posséder, ou un service abstrait. Avec le numérique, nous entrons dans un monde où acheter quelque chose (même un service) peut vouloir dire *faire exister un objet* pour les autres (qui n'ont rien fait pour cela[127]).

Vers les appels de demandes et enchères inversées

Proposition de définition

> L'appel d'offre est la publication d'un besoin, auquel répondent des offres ; *l'appel de demande* serait quelque chose comme la publication d'un savoir-faire. Par exemple : je peux réaliser un logiciel libre de gestion des parkings avec tel genre de budget/délai. Comme un catalogue d'objets qui n'existent pas encore.

On l'aura compris : *industrialiser* les forges ne signifie pas que les forges devront être portées par tel ou tel industriel, ou que la vente de forges sera un créneau porteur. Industrialiser les forges, c'est d'abord rendre clairs les flux, de services, de code, et d'argent. Il s'agit par exemple de mettre en place des *appels de demandes* et des enchères inversées. Éric Raymond écrivait en 1999[128] :

> *On peut vivre un autre développement intéressant dans les débuts de tentatives systématiques de créer des marchés de tâches dans le développement à code source ouvert. SourceXchange et Co-Source représentent des manières légèrement différentes de tenter d'appliquer un modèle d'enchères inversées au financement de développements à source ouvert.*

Il était trop tôt

> SourceXchange a fermé ses portes en 2001. C'était trop tôt. CoSource ou GPL Farm, un peu plus tard, introduisaient aussi des mécanismes de financements actifs [Viseur, 2004]. IBM a même déposé un brevet (6.658.642) sur une « méthode de rémunération de programmes open source ».[129]

Ce qui est absolument essentiel, c'est *que le code ne puisse venir que de la forge*, pour éviter la tentation que pourraient avoir les entreprises d'ajouter de la viscosité au code source ou d'oublier d'encourager leurs clients (publics ou privés) à partager et déposer ce qu'ils ont déjà payé[130]. La confiance dans la disponibilité du code source est primordiale.

En utilisant des outils d'évaluation par pairs/utilisateurs, des enchères inversées, des *appels de demandes*, il s'agit de placer la forge au cœur du processus des achats informatiques, voire à terme de la définition et de la simplification des processus métier.

Alors il sera possible, tranquillement, de réfléchir à la gouvernance des ces objets complexes. Afin que tout le monde profite du logiciel libre : les bénévoles, mais aussi ceux qui acceptent d'être rémunérés pour leur travail, de codage, de traduction, de débogage, les entreprises, mais aussi leurs clients. Les forges de demain seront des usines à collaborer.

La forge comme place de marché
(L'image représente une maka, marteau de forge en wallon.
Encyclopédie de Diderot et d'Alembert).

Bâtir l'espace public en version numérique

Derrière ces outils techniques que sont les forges à fabriquer du logiciel, ce qu'il faut bâtir est ni plus ni moins que l'*espace public* dans sa version numérique. Où et comment *doit exister* un patrimoine commun dans le monde du numérique ? Qui doit en assurer la production, la conservation et l'entretien ? Qui doit en garantir la diffusion ? La question de la forge comme objet technique est une question, son insertion dans un contexte plus large d'économie, de contribution, de production d'autre chose que du logiciel, et de volonté politique en est une autre, plus large, et qui dépasse le cadre d'une analyse de l'économie du logiciel libre. Mais c'est cette analyse qui y conduit.

Il faut rapidement faire converger les réflexions. Le logiciel est en première ligne. Derrière vient tout le reste : l'image, le livre, et tout ce qui peut avoir une existence numérique. Comme dans le cas du logiciel, les différentes communautés auront *intérêt* à imaginer ensemble les relations que réclame ce nouvel environnement de production. De même qu'il y aura des places de marché logicielles, il faudra sans doute imaginer des forges différentes, avec d'autres relations et modèles économiques, convenant à d'autres objets.

> Les États, au lieu de travailler à construire et garantir l'espace public dans sa version numérique, cherchent pour l'instant à *valoriser* le bien commun et utilisent de l'argent public pour *construire des marchés.*

L'histoire a par exemple lentement *forgé* les universités et la communauté scientifique pour produire, entretenir et conserver un patrimoine commun de connaissances partagées. Il appartient à notre temps d'inventer, mais cette fois très vite, un moyen de produire, entretenir et conserver un patrimoine commun dans le domaine du numérique. Organiser cet écosystème devrait être la première tâche des services publics chargés de la chose numérique.

7

Scénarios pour l'avenir

L'avenir n'est écrit nulle part.
Sans doute le mouvement du logiciel libre est-il inéluctable, mais des mouvements plus puissants encore sont en cours.

La grande menace

Le mode de production du logiciel est en train de changer rapidement. Autour des forges logicielles va s'organiser un écosystème où chacun s'y retrouvera. Au lieu de s'épuiser à construire au dessus de la rivière trente-six ponts privés avec péages, on s'avise qu'il est plus utile d'organiser une construction commune, un pont où tout le monde pourra passer.

Les acteurs que sont les militants historiques du logiciel libre, les industriels de l'open source, et les précurseurs des communautés de clients devraient être au cœur de l'organisation de cette construction. Hélas, nous l'avons vu, les conflits d'intérêts présents risquent d'obscurcir la compréhension de l'avenir. Certains risquent fort, pour cette raison, de passer à côté.

Le torrent, lui, est lancé. Et il n'est pas impossible que ceux qui semblent actuellement le plus éloignés du logiciel libre soient précisément ceux qui accomplissent son destin. Tous les éditeurs de logiciels propriétaires regardent de très près les mécanismes qui gouvernent le logiciel libre, et en particulier les outils techniques utilisés, les méthodes agiles pratiquées, et le management des communautés. Pourquoi ? Pour les empêcher d'exister ? Trop tard ! Pour les combattre ? Trop tard ! Alors pourquoi ? Parce qu'ils savent qu'il va falloir y passer.

Certains s'imaginent que le combat est encore entre le logiciel libre et le logiciel propriétaire, comme à la fin du siècle dernier. La question est surtout de savoir comment va s'organiser le monde d'après le combat, et qui va tirer les marrons du feu.

> La grande menace a deux visages, c'est le *logiciel propriétaire 2.0* à visage libre ou en forme de *cloud computing*.

Le logiciel propriétaire 2.0

Si j'étais stratège chez un grand éditeur de logiciel, que ferais-je ? Je me préparerais à tirer le plus grand profit de ce qui se profile. Le vrai pouvoir ne sera bientôt plus dans la possession du logiciel mais dans la maîtrise de la feuille de route et de l'architecture du système collaboratif. Il faut faire en sorte de donner du prix à la connaissance dont on dispose.

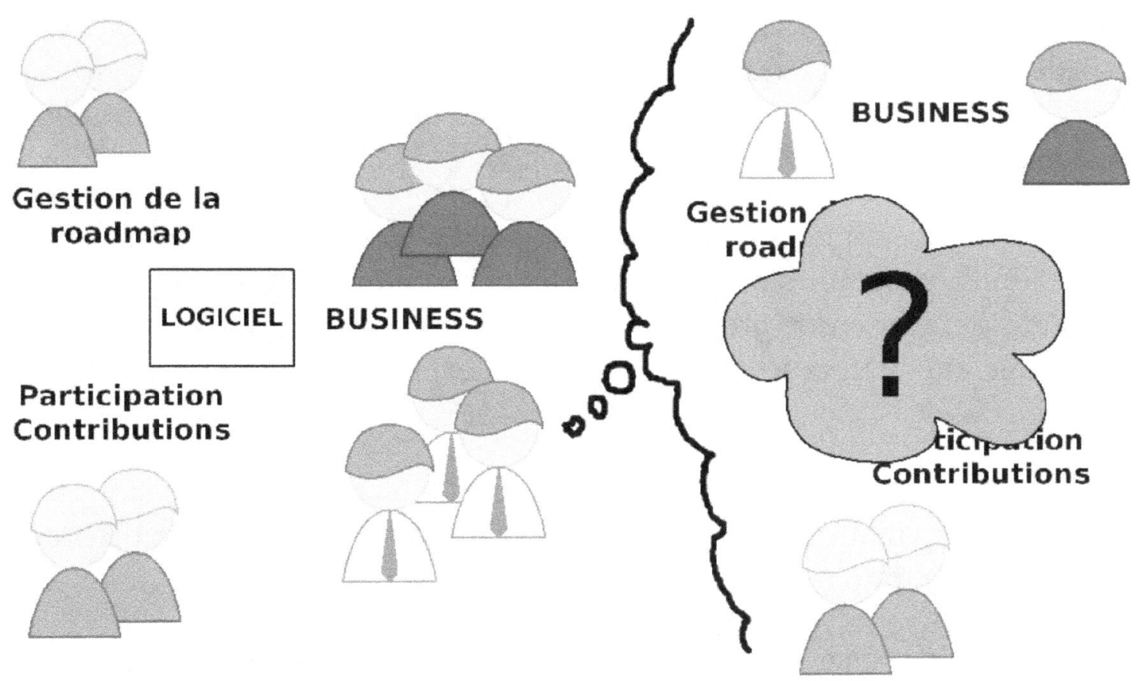

La grande menace

Autour de codes sources qui s'ouvrent lentement, et qui concernent des bases installées gigantesques, des briques collaboratives sont en train de se mettre en place, discrètement. L'implication des utilisateurs commence, à son rythme (les effets de réseau seront colossaux parce l'on parle ici de foules immenses, alors les choses se font prudemment).

Petit souvenir

> J'ai rencontré un jour sur un salon les gens de l'Encyclopédie Britannica et leur ai dit : vous devriez vous intéresser au CD-Rom. Ils m'ont répondu que jamais ils ne seraient en CD-Rom. Plus tard, sur un stand où ils vendaient des CD-Rom de leur encyclopédie, je leur ai dit : vous devriez vous intéresser au Web. Ils m'ont répondu qu'ils ne seraient jamais en ligne.

Imaginez qu'un jour on annonce que le code source du système d'exploitation pour ordinateur le plus utilisé dans le monde passe sous une licence libre. On oubliera très vite les premières réactions, qui seront probablement maladroites. Pour peu que la chose ait été un peu préparée (et l'on peut le supposer) cela s'accompagnera de dispositifs de production/collaboration à très grande échelle.

Cela commencera par la mise à disposition de dispositifs très puissants pour apprendre la programmation aux enfants. Des outils gratuits, performants et ludiques, qui glisseront progressivement vers les usages collaboratifs. Pourquoi donc encourager les gens à programmer, puis à programmer ensemble d'après vous ?

En attendant, il faudrait jouer sur les deux tableaux : continuer à faire le méchant en agitant des menaces autour de prétendues violations de brevets, tout en préparant une volte-face brutale.

> Qui mettra en place le premier les forges comme places de marché ?

Le cloud computing et le SaaS[131]

Pour empêcher que l'idée saugrenue de vouloir maîtriser ses logiciels et ses données devienne la règle, il y a une solution très simple : supprimer les logiciels d'infrastructures et d'usage et les remplacer par du *service abstrait* sur lequel les utilisateurs ne puissent plus agir !

Cette disparition pour les logiciels d'infrastructure s'appelle *cloud computing*, pour les logiciels d'usage elle s'appelle SaaS (*Software as a Service*). C'est très différent et pourtant c'est la même chose : cela fait oublier les logiciels, en rendant bizarre et bientôt démodée l'idée de vouloir les modifier pour son usage et les maîtriser... Comme disaient les Shadocks, s'il n'y a pas de solution, c'est qu'il n'y a pas de problème[132].

Si l'on parvient à transformer les interfaces de telle manière qu'elles répondent bien aux besoins des particuliers, et si l'on parvient en même temps à externaliser les fonctions informatiques dans les entreprises et les administrations, alors celui qui dispose de la maîtrise des infrastructures matérielles sera dominant. Pour peu que celui qui dispose de ce pouvoir se transforme en un *cirque* (au sens que donne à ce mot Jacques Attali dans *Une brève histoire de l'avenir*[133]) alors les choses iront très vite.

> *Au-dessus de ceux-là s'élève un pouvoir immense et tutélaire, qui se charge seul d'assurer leur jouissance et de veiller sur leur sort. Il est absolu, détaillé, régulier, prévoyant et doux. Il ressemblerait à la puissance paternelle si, comme elle, il avait pour objet de préparer les hommes à l'âge viril ; mais il ne cherche, au contraire, qu'à les fixer irrévocablement dans l'enfance ; il aime que les citoyens se réjouissent, pourvu qu'ils ne songent qu'à se réjouir. Il travaille volontiers à leur bonheur ; mais il veut en être l'unique agent et le seul arbitre ; il pourvoit à leur sécurité, prévoit et assure leurs besoins, facilite leurs plaisirs, conduit leurs principales affaires, dirige leur industrie, règle leurs successions, divise leurs héritages ; que ne peut-il leur ôter entièrement le trouble de penser et la peine de vivre ?*
> *[Tocqueville, De la démocratie en Amérique, II, 4, vi]*

Que faire ?

Vous aurez peut-être reconnu derrière ces deux menaces de grandes entreprises qui s'affrontent aujourd'hui sur la scène des nouvelles technologies. D'un côté la solution serait confisquée, de l'autre le problème serait escamoté.

Pour peu que la question du logiciel ait quelque importance dans une société de l'information, et il semble que ce doive être le cas, il faut prendre ces deux menaces très au sérieux. Sinon, le pouvoir et la légitimité se déplaceront rapidement et durablement.

Piste 1 – Mutualiser vite et à grande échelle

Pour garder la main, il suffirait que les pouvoirs publics, centraux et locaux, mesurent la puissance dont ils disposent. Montrant l'exemple d'un changement dans le comportement d'achat dans le domaine informatique, par le recours massif à des forges places de marché qu'ils encourageraient au moins, ils emmèneraient ainsi l'économie numérique hors du champ des féodalités.

« Il suffirait que les pouvoirs publics » ? On répondra que c'est toujours la même chose : y a qu'à, faut qu'on... Que l'on relise bien : il suffirait que les pouvoirs publics veuillent vraiment, non pas mettre la main à la poche, mais *faire vraiment des économies*, et en prennent les moyens en termes d'organisation de l'achat public. Mais tout se passe comme si les pouvoirs publics ne voulaient pas *vraiment* faire des économies en matière d'informatique. Pourquoi ?

Piste 2 – Changer les règles du jeu

Il serait aussi possible de transformer l'architecture de l'internet, en le transformant en un grid distribué, de façon à faire d'une pierre deux coups : (1) empêcher l'appropriation des données (elles ne seront plus nulle part), (2) empêcher que puissent être rendues totalement passives les machines terminales du réseau, tandis que les données, et *l'activité* des logiciels sera diffuse, pervasive, omniprésente, sans que l'utilisateur ait aucune prise dessus.

L'internet s'est construit sur l'idée d'un routage non déterministe (TCP/IP). L'enjeu est aujourd'hui aux architectures P2P : saurons-nous bâtir des équivalents pair à pair des architectures client-serveur ? C'est une course poursuite. Les États qui encourageront massivement la recherche dans ce domaine seront demain les pays libres.

> On comprend de ce point de vue pourquoi il était si important de discréditer le P2P à la faveur du débat sur le téléchargement. Cela permettait de masquer deux enjeux : 1) la musique sert aujourd'hui d'abord à faire vendre des appareils pour l'écouter ; 2) les architectures en P2P sont les instruments par lesquels les individus, les entreprises, et demain les États, protégeront leurs données.

Piste 3...

Puisque l'intelligence, le pouvoir et la volonté sont rarement ensemble, il faut craindre que la seule arme dont dispose le monde du libre soit l'union des forces. Si le hacker bénévole, le marchand d'open source et le client mutualiste ne s'allient pas, pour bâtir au moins la forge de demain, pour déplacer l'intérêt et barrer la route au propriétaire 2.0, alors la vague suivante les recouvrira, et l'on verra *leur* triomphe dans d'autres mains, ou bien la disparition pure et simple de ce qui faisait débat.

Le scénario 1, entre science-fiction et réalité

La profusion continue, sans qu'aucun modèle économique ne se dégage pour rémunérer les contributions qui apportent de la valeur à des projets.

La *fuite en avant de l'innovation* permet de masquer l'exploitation éhontée de la générosité des contributeurs, qui finalement *s'y retrouvent*. La qualité et la convivialité des outils rendent supportable qu'on doive payer pour partager.

Trois domaines se dégagent nettement :

- **Un domaine ouvert** – dans un espace public, on continue à donner de son temps pour produire des objets libres.
- **Un domaine fermé** – où des techniques élaborées de management collaboratif permettent de produire des objets propriétaires.
- **Un domaine semi-ouvert** – où moyennant finances l'on peut disposer d'outils élaborés pour produire des objets assez visqueux présentant tels des *Janus bifrons*, un visage libre et un visage propriétaire.

Les deux modèles, propriétaire et libre, cohabitent. Les clients ont le plus grand mal à mutualiser car on s'emploie activement à les en empêcher. Les États préfèrent créer des marchés informatiques de type classique (éditeur) sans s'apercevoir qu'ils auraient intérêt à les déplacer, en encourageant les communautés de producteurs *et* les communautés de consommateurs.

Scénario 1bis, époque 2 : science-fiction ou tendance actuelle ?

La création collaborative s'étiole.

Quelques scandales éclatent, des fortunes construites sur l'exploitation de la bonne volonté découragent les gens de collaborer librement à la production d'objet communs et recroquevillent les communautés sur du partage qui exclut totalement le commerce.

> Un orage électronique et une réaction en chaîne font disparaître les collections photographiques en ligne de trente millions de personnes. Des attaques répétées de crackers finissent par mettre à mal Wikipedia. L'espace public se restreint de manière inquiétante, et tout finit par se vendre. La tendance monopolistique des géants de l'information numérique a fini par tuer la poule aux œufs d'or. L'Internet devient un gros minitel onéreux qui n'intéresse plus personne. On se passe sous le manteau des recettes pour échapper au tracking des puces RFID...

Le scénario 2

Ce qui pourrait se produire aussi, si nous n'y prenons pas garde, c'est le refermement de vingt-cinq siècles de savoir ouvert : une nuit effroyable qui balaiera tout espace public à la faveur de droits de propriété nouveaux dans l'univers immatériel et où la manipulation de l'information par des pouvoirs obscurs sera l'instrument d'une perversion du politique, auprès de laquelle les pires cauchemars de Tocqueville ou d'Orwell seront d'aimables plaisanteries.

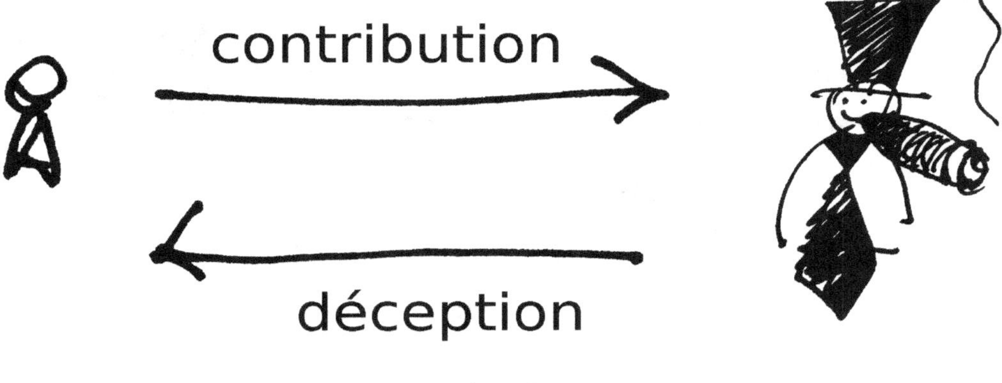

Scénario 2

Le scénario 3

Le travail collaboratif converge vers une ergonomie unifiée. Des investisseurs cherchent le moyen d'encourager une collaboration à grande échelle et plus aisée, tandis que les contributeurs *consentent*[134] à ne point se contenter de pizzas et de fun. La production et l'invention des objets numériques deviennent naturellement et intrinsèquement collaboratives, et la rémunération des contributions est réalisée automatiquement par des systèmes reposant sur une combinaison de jugement par les pairs et par les utilisateurs. Les acteurs publics élargissent l'espace public au monde numérique, et provoquent une révolution économique sans précédent : de nouveaux objets économiques naissent de l'*exploitation* de ce qui est librement disponible.

La société de l'information reste démocratique.

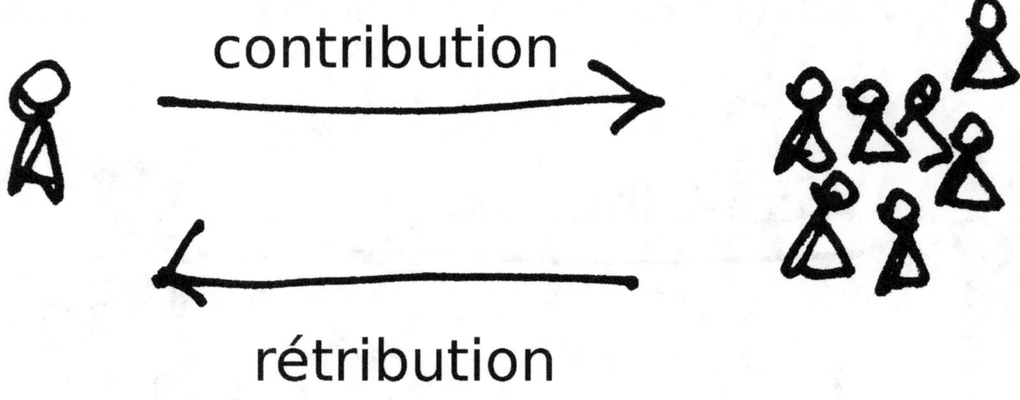

Scénario 3

Il va sans dire que commencer à réfléchir à ce troisième scénario pourrait permettre d'éviter que le premier scénario ne se transforme brutalement en scénario 2 !

Conclusion

Il y a un malentendu sur le sens de la notion de communauté, et sur l'*intérêt* que peut avoir le logiciel libre.

Remarque

> Il faudrait examiner de plus près le caractère totalement daté et surdéterminé de cette notion de *communauté*. Avant l'arrivée d'internet et après, la notion de communauté n'a pas le même sens. Dans les Universités ou les Écoles et en dehors elle n'a pas non plus le même sens. Cette notion renvoie à du *désir*.

Les communautés du logiciel libre sont des organisations extrêmement hétérogènes. Il n'y a de véritable communauté que large, avec des effets de réseaux importants et donc solides, et finalement on y retrouvera ce que l'on retrouve dans la vraie vie : une autorégulation qui doit tout à l'humain et pas vraiment grand chose à la technique.

Il y a deux manières de dire que le logiciel libre est enraciné dans des communautés. En un premier sens, on peut vouloir dire qu'il y a une communauté derrière chaque logiciel : le monde de l'entreprise ou les utilisateurs de logiciels professionnels n'arrivent qu'ensuite et sont juste acceptés, *tolérés* par la communauté sans en faire vraiment partie. L'écologie du logiciel libre serait alors la relation d'éléments extérieurs avec les communautés. C'est une représentation naïve qui risque d'aveugler.

La seconde manière de parler de communauté consiste à renverser le propos et à observer que c'est l'arrivée du logiciel libre qui produit mécaniquement des effets de communautés en cascade (d'individus, puis d'entreprises, puis de clients). En négligeant cela, on risque de passer à côté des communautés d'entreprises (fondations et consortiums) et de clients déjà naissantes.

Mais allons plus loin. On a coutume de considérer les *communautés* comme des acteurs qui interagissent avec les utilisateurs, les sociétés de services et les clients. Or si le logiciel libre demande vraiment l'implication de tous, si la communauté est ouverte, alors la communauté d'un logiciel libre n'est pas un des acteurs : c'est tout l'écosystème du logiciel qui devient communautaire. Il faut donc construire autour les outils de l'*intérêt commun*.

La tache d'huile communautaire

C'est le *mode de production* du code source qui change. Dans le premier moment, on produit du code entre soi, mais surtout pour soi. Dans le deuxième moment s'organise la production mutualisée entre entreprises : chacun met à disposition des ressources humaines pour faire des économies d'échelle (ce ne sont plus des informaticiens bénévoles mais des informaticiens professionnels qui composent principalement alors ces communautés-là). Enfin, dans le troisième moment, ce sont des utilisateurs, non informaticiens, en situation professionnelle, qui vont piloter la production par d'autres des logiciels dont ils ont besoin.

L'arrivée du logiciel libre ressemble donc à une *tache d'huile* communautaire.

Il y a des communautés d'individus, des communautés d'entreprises informatiques et des communautés d'utilisateurs métier, ayant des comportements différents, des valeurs différentes, des intérêts différents. La question est de savoir s'y situer pour comprendre nos réactions.

Les communautés d'entreprises ont été longtemps regardées à travers leurs représentants fameux ou *apparemment* bénévoles, les communautés d'utilisateurs en situation professionnelle n'ont été regardées que de façon périphérique[135] ou lorsqu'il y avait quelques informaticiens égarés en leur sein.

Mais de même que le logiciel libre devient rapidement la manière de produire du code au sein des entreprises informatiques, bientôt le logiciel libre sera la manière d'acheter chez les clients qui devront alors se coaliser. Pour le client, le logiciel libre est une manière d'acheter, ensemble !

> Développer, vendre, acheter du logiciel libre, c'est développer, vendre, acheter autrement.

Les premières communautés étaient des communautés de développeurs. Les consortiums d'entreprises et les coopératives de clients incarneront, d'une certaine manière, d'autres postures vis-à-vis du logiciel libre que celle du développeur. À terme, la réunion de ces postures ne fera qu'une communauté.

Une rencontre qui commence dans le conflit

Ces trois communautés sont traversées par des conflits : des conflits d'intérêts et donc de valeurs. Chacun brandit ses gourous (voire ses gourous de secours[136]), ses *success stories*, ses bonnes pratiques.

Ces trois communautés ont des relations naturellement complexes et ambivalentes. Analyser ces relations pour rendre possible l'écosystème le plus efficace pour tout le monde doit être une priorité. Cela suppose que l'on cesse de considérer son point de vue (que ce soit celui du hacker bénévole, celui du marchand d'open source ou celui du client mutualiste) comme le seul point de vue possible et le seul utile. Cesser de considérer son point de vue comme le seul qui vaille est d'ailleurs un signe très sûr de maturité : il n'y a pas un point de vue mais trois car il y a trois postures, trois attitudes qui sont trois moments d'un processus qui se déploie dans le temps, trois moments d'une diachronie. Ces trois personnages entrent en scène tour à tour. Celui qui arrive ne fait pas sortir ou disparaître les autres : il faut simplement l'accueillir.

Le défi d'aujourd'hui, après avoir accueilli les entreprises au tout début du XXIe siècle, est maintenant d'accueillir les clients, qui sont en train de *faire communauté* autour du code ouvert. L'équilibre entre ces trois communautés sera l'écosystème de l'informatique de demain, et au delà, de la société du numérique.

Tout se jouera probablement dans deux domaines : celui des forges, qui doivent devenir rapidement de véritables places de marchés autour de logiciels libres sans équivoques, et autour des données géographiques parce qu'elles condensent toute la question des données. La représentation de l'espace public n'est pas encore un espace public...

La question des forges est centrale : les trois communautés dont il a été question commencent à faire « forge séparée » : il faut faire converger ces outils, ces usines à collaborer, afin d'éviter le travail non payé et de permettre les économies d'échelle que peuvent faire légitimement les clients. Mais surtout pour échapper à des menaces plus grandes encore s'il en est.

Le véritable défi

Il ne faut se tromper : tandis que le logiciel libre cherche à bon droit à libérer les outils, l'internet est menacé quant à lui de devenir un gigantesque *cloud propriétaire* des données personnelles, et les interfaces sont menacées de marcher de mieux en mieux sans l'intervention de l'utilisateur, et sans logiciels ! Nous pourrions bientôt n'avoir prise sur rien. Il faut prendre conscience que les deux phénomènes n'ont ni la même ampleur, ni la même vitesse.

> La libération de l'informatique est *en marche,* mais la confiscation des données arrive au *galop.*

Derrière la question des logiciels libres et des formats ouverts, il y a celle des données publiques, de l'espace public. Les données géographiques sont au cœur de cet enjeu : c'est en (1) organisant/encourageant vite de manière pro-active des forges comme places de marché des logiciels et des objets numériques en général et (2) en libérant l'économie potentielle autour de *la représentation de l'espace public* que peuvent être contrées les féodalités montantes.

Vous avez parlé d'*économie numérique* ?

> *Quand vous ferez quelque chose,*
> *souvenez-vous que vous aurez contre vous*
> *tous ceux qui voulaient faire la même chose,*
> *tous ceux qui voulaient faire le contraire,*
> *et ceux, nombreux, qui ne voulaient rien faire.*
> *Confucius*

Non aux brevets logiciels

Le présent ouvrage ne peut avoir de sens que dans un monde où les logiciels restent considérés comme non brevetables, au même titre que les idées.

> *[Le businessman] — Bien sûr. Quand tu trouves un diamant qui n'est à personne, il est à toi. Quand tu trouves une île qui n'est à personne, elle est à toi. Quand tu as une idée le premier, tu la fais breveter : elle est à toi. Et moi je possède les étoiles, puisque jamais personne avant moi n'a songé à les posséder. (...)*
>
> *[Le petit Prince] — Moi, dit-il encore, je possède une fleur que j'arrose tous les jours. Je possède trois volcans que je ramone toutes les semaines. Car je ramone aussi celui qui est éteint. On ne sait jamais. C'est utile à mes volcans, et c'est utile à ma fleur, que je les possède. Mais tu n'es pas utile aux étoiles...*
>
> *Saint Exupéry, le Petit Prince, XIII*

Bibliographie

[AFUL, 2007]

AFUL (2007). *Modèles économiques liés aux logiciels libres.*
http://www.aful.org/professionnels/modeles-economiques-ll.

[Aigrain, 2002]

Aigrain, P. (2002). *Un cadre de réflexion pour comprendre l'impact du choix des licences « copyleft » telle que la gpl, par opposition aux licences « non-copyleft ».* European Commission, Information Society DG.
http://www.adullact.org/article.php3?id_article=83.

[Aigrain, 2005]

Aigrain, P. (2005). *Cause commune : l'information entre bien commun et propriété.* Fayard.
http://www.causecommune.org/.

[André 2005]

André, F. (2005). *Libre accès aux savoirs, Open Access to Knowledge.* Futuribles.

[APRIL, 2007]

APRIL (2007). *Livre blanc sur les modèles économiques du logicie libre.*
http://www.april.org/articles/livres-blancs/modeles-economiques-logiciel-libre/.

[Aristote, 2004]

Aristote, A. (2004). *Séminaire Aristote sur les modèles économiques de logiciels libres.*

[Aristote, 2008]

Aristote, A. (2008). *Séminaire Aristote sur l'open source.*
http://www.aristote.asso.fr/Presentations/SXA/SXA20080116/index.html.

[Arno*, 2000]

Arno* (2000). *Le piratage au service des monopoles.*
http://www.uzine.net/article94.html.

[Auray and Vicente, 2006]

Auray, N. and Vicente, M. (2006). *Sociologie du logiciel libre.* Autour du Libre.
http://www.autourdulibre.org/actes/pdf/MichaelVicente.pdf.

[Bertrand, 2008]

Bertrand, P. (2008). *Introduction à l'open source – business model.*
http://open-source.smile.fr/business-model.

[Blankenhorn, 2006]

Blankenhorn, D. (2006). *There are a variety of open source business models.*
http://blogs.zdnet.com/open-source/?p=664.

[Bordage, 2005]

Bordage, F. (2005). *Open source : la naissance d'un écosystème.* O1 Informatique.
http://www.01net.com/article/270447.html.

[Bryon Cottrell, 2008]

Bryon Cottrell, Patrick Hart, J. D. (2008). *The beekeeper.*
http://wiki.pentaho.com/display/BEEKEEPER/The+Beekeeper.

[Cohen, 1994]

Cohen, S. W. (1994). *Computer Chaos : Billions Wasted Buying Federal Computer System.* Official report.

[Comino and Manenti, vier]

Comino, S. and Manenti, F. M. (janvier). *Dual licensing in open source software markets.* University of Padua, Italy.
http://opensource.mit.edu/papers/dual_lic.pdf.

[Consultants, 2008]

Consultants, P. A. (2008). *La france, pays du logiciel libre en 2007.*
http://logiciel-libre.sambotte.com/post/20080122-La-France-pays-du-logiciel-libre-en-2007.

[consulting, 2007]

consulting, F. (2007). *Modèles économiques des logiciels open source et logiciels libres.*
http://www.slideshare.net/faberNovel/ research-paperles-business-models-de-l-open-source-faber-novel-consulting.

[Couros, 2006]

Couros, A. V. (2006). *Examining the open movement, possibilities ans implication for education.* University of Regina, Saskatchewan.
http://www.scribd.com/doc/3363/DissertationCourosFINAL06WebVersion.

[Crochet-Damais, 2006]

Crochet-Damais, A. (2006). *L'enjeu du financement des projets open source.*
http://www.journaldunet.com/solutions/0606/060606-analyse-opensource.shtml.

[Dalle et al., 2004]

Dalle, J.-M., David, P. A., Ghosh, R. A., and Steinmueller, W. E. (2004). *Advancing economic research on the free and open source software mode of production.*
http://opensource.mit.edu/papers/davidetal.pdf.

[de Kerorguen, 2008]

de Kerorguen, Y. (2008). *Web storming.*
http://www.liberation.fr/transversales/futur/reportage/325962.FR.php.

[Delannoy]

Delannoy, E. *De la tragédie des communs à l'intelligence collective.*
http://www.noolithic.com/article.php3?id_article=28.

[Di Cosmo, 2008]

Di Cosmo, R. (2008) *Notes sur les modèles économiques.*
http://www.dicosmo.org/CourseNotes/LogicielLibre/0708/CoursLL-notes-08.pdf

[Didier Demazière, 2006]

Didier Demazière, François Horn, M. Z. (2006). *Dynamique de développement des communautés du logiciel libre. conditions d'émergence et régulations des tensions.*
http://www.terminal.sgdg.org/articles/97_98/articleP71-84.pdf.

[Dubost, 2006]

Dubost, L. (2006). *Pourquoi faire XWiki en open source.*
http://www.ludovic.org/xwiki/bin/view/Main/PourquoiFaireXWikiEnOpenSource.

[Elie and Bondaz, 2004]

Elie, F. and Bondaz, M. (2004). *Up to a point.* In *EnviroInfo 2004 Proceedings.*
http://www.enviroinfo2004.org/cdrom/Datas/EI_Elie.htm.

[Ezratty, 2007]

Ezratty, O. (2007). *Industrie du logiciel libre ou artisanat.* Blog.
http://www.oezratty.net/wordpress/2007/industrie-du-logiciel-libre-ou-artisanat.

[Feyerabend, 1979]

Feyerabend, P., (1979). *Contre la méthode.* Seuil.

[Fink, 2003]

Fink, M. (2003). *The Business and Economics of Linux and Open Source.* Prentice Hall.

[Foray and Zimmermann, 2002]

Foray, D. and Zimmermann, J.-B. (2002). *L'économie du logiciel libre : organisation coopérative et incitation à l'innovation.*
http://sawww.epfl.ch/SIC/SA/publications/FI01/fi-sp-1/sp-1-page31.html.

[Gensollen, 2005]

Gensollen, M. (2005). *L'économie politique du code ouvert. Revue Générale de Stratégie,* (20-21):115sq.

[Golden, 2004a]

Golden, B. (2004a). *La communauté : une notion clé des produits open source.*
http://www.itrmanager.com/articles/29598/29598.html.

[Golden, 2004b]

Golden, B. (2004b). *Succeeding with open source.* Addison-Wesley.

[Gonzalez-Barahona, 2000]

Gonzalez-Barahona, J. M. (2000). *Free software/open source : Information society opportunities for europe.* http://eu.conecta.it/paper/paper.html.

[Gosh et al., 2007]

Gosh, R. A., Glott, R., Gerloff, K., Schmitz, P.-E., Aisola, K., and Boujraf, A. (2007). *Study on the effect on the development of the informa- tion society of European public bodies making their own software available as open source.* UNISYS for IDABC. http://www.publicsectoross.info/images/resources/17_366_file.pdf.

[Gosh et al., 2004]

Gosh, R. A., Glott, R., Robles, G., and Schmitz, P.-E. (2004). *Guideline for public administrations on partnering with free software developers.* IDA/PGOSS. http://osor.eu/expert-studies/expert-docs/ida-open-source-migration-guidelines-fr.

[Gosh et al., 2008]

Gosh, R. A., OSOR Guidelines, *Public procurement and open source software* http://www.osor.eu/expert-studies/OSS-procurement-guideline-public-draft-v1%201.pdf

[Guedj, 2000]

Guedj, D. (2000). *Le théorème du perroquet.* Seuil.

[Guillaud, 2006]

Guillaud, H. (2006). *La montée du crowdsourcing.* http://www.internetactu.net/2006/06/01/la-montee-du-crowdsourcing/.

[Görling, 2007]

Görling, S. (2007). *Open source athletes.* http://www.firstmonday.org/issues/issue12_4/gorling/index.html.

[Haddad, 2007]

Haddad, I. (2007). *Adopting an open source approach to software development, distribution, and licensing.* http://opensource.sys-con.com/read/318776.htm.

[Haehnsen and Kan, 2006]

Haehnsen, E. and Kan, E. (2006). *Des communautés gardiennes de la pérennité du libre*. O1 Informatique.
http://www.01net.com/editorial/322367/des-communautes-gardiennes-de-la-perennite-du-libre/.

[Hardin, 1968]

Hardin, G. (1968). *Tragedy of commons*. Science.
http://www.garretthardinsociety.org/articles/art_tragedy_of_the_commons.html.

[Hecker, 2000]

Hecker, Franck (1998). *Setting Up Shop : The Business of open source Software*
http://hecker.org/writings/setting-up-shop

[Hennebel, 2001]

Hennebel, L. (2001). *Propriété intellectuelle versus « communisme informationnel »*. Actuel Marx.
http://www.freescape.eu.org/biblio/article.php3?id_article=141.

[Hnizdur, 2003]

Hnizdur, S. (2003). *Guide IDA de migration open source*. IDA.
http://osor.eu/expert-studies/expert-docs/ida-open-source-migration-guidelines-fr.

[Holck et al., 2004]

Holck, J., Larsen, M. H., and Pedersen, M. K. (2004). *Identifying business barriers and enablers for the adoption of open source software*.
http://ep.lib.cbs.dk/paper/ISBN/x656409451.

[Horn, 2000]

Horn, F. (2000). *L'économie du logiciel*. PhD thesis, Université des sciences et technologies de Lille.
http://www.univ-lille1.fr/bustl-grisemine/pdf/extheses/50374-2000-23-24.pdf.

[Héritier J.-C 2001]

Héritier, J.-C. (2001). *Les logiciels libres, un modèle économique viable ?* Université Robert Schuman – IECS Strasbourg.
http://www.jcheritier.net/memoire/memoire.pdf.

[Infonomics, 2005]

Infonomics (2005). *Free/libre and open source software : Survey and study.*
http://www.infonomics.nl/FLOSS/papers.htm.

[Jullien et al., 2002]

Jullien, N., Clément-Fontaine, M., and Dalle, J.-M. (2002). *Nouveaux modèles économiques, nouvelle économie.* Rapport final, étude RNTL.
http://www.marsouin.org/IMG/pdf/fichier_rapport.pdf.

[Jullien and Zimmermann, 2005]

Jullien, N. and Zimmermann, B. (2005). *Peut-on envisager une écologie du logiciel libre favorable aux nuls ?* Marsouin.
http://www.marsouin.org/IMG/pdf/Jullien-Zimmermann_9-2005.pdf.

[Köenig, 2004]

Köenig, J. (2004). *Seven open source business strategies for competitive advantage.*
http://www.riseforth.com/pdfs/Seven-Open-Source-Business-Strategies-JCK.pdf

[Krafft, 2006]

Krafft, M. F. (2006). *Debian 4 etch.*
http://people.debian.org/~madduck/talks/debian-etch_skynet.ie_2006.08.19/slides.s5.html.

[Krivine, 1992]

Krivine, J.-L. (1992). *Mathématique des programmes et programme des mathématiques.*
http://www.pps.jussieu.fr/~krivine/articles/mathpro2.pdf.

[Lakhani et Wolf, 2005]

Lakhani, K. R. and Wolf, R. G. (2005). *Why hackers do what they do : Understanding motivation and effort in free/open source software* projects. in *Perspectives on Free and Open Source Software*, pages 3-22. MIT Press, Cambridge, MA.
http://freesoftware.mit.edu/papers/lakhaniwolf.pdf.

[Lang, 2000]

Lang, B. (2000). *Internet libère les logiciels*, La Recherche, 328, février 2000
ttp://bat8.inria.fr/~lang/ecrits/larecherche/03280721.html

[Le Bars, 2003]

Le Bars, C.. (2003). *Le modèle économique des acteurs, nouveau rapport client/fournisseur, appréciation différente des notions de pérennité. Comment s'y adapter.*
http://www.lebars.org/confs/modeles-2003.htm.

[Lerner et Tirole, 2000]

Lerner, J. et Tirole, J. (2000). *The simple economics of open source.*
http://www.people.hbs.edu/jlerner/simple.pdf.

[Leroy, 2008]

Leroy, C. (2008). *Adullact-projet.* OTeN.
http://www.oten.fr/spip.php?article3993.

[Lewis,]

Lewis, B. *To ensure it success, project management shouldn't be a bridge but the destination.* IfoWorld.

[Mikko Vlimki, 2003]

Mikko Vlimki, M. (2003). *Dual licensing in open source software industry.*

[Moczar, 2005]

Moczar, L. (2005). *Vers le monopole open source.*
http://www.itrmanager.com/articles/35548/35548.html.

[Molland, 2006a]

Molland, B. (2006a). *Faire le pari des logiciels ouverts. La tribune du 26 janvier 2006.*

[Molland, 2006b]

Molland, B. (2006b). Un autre futur technologique est possible. *01 DSI du 15 septembre 2006.*

[Nalebuff and Brandenburger, 1996]

Nalebuff, B. J. and Brandenburger, A. M. (1996). *Co-opetition.* Currency Doubleday.

[Nieuwbourg, 2006]

Nieuwbourg, P. (2006). *Le modèle « services associés » privilégié pour les éditeurs open source.* http://www.progilibre.com/Le-modele-services-associes-privilegie-pour-les-editeurs-open-source_a275.html.

[Noisette and Perline, 2004]

Noisette, T. and Perline (2004). *La bataille du logiciel libre, dix clés pour comprendre.* La découverte.

[Parlement Francophone de Bruxelles, 2006]

Parlement Francophone de Bruxelles (2006). *Compte-rendu du colloque : services publics et mutualisation informatique, de la théorie à la pratique.* http://www.pcf.be/ROOT/PCF_2006/public/evenements/activites_diverses/services_publics_et_mutualisation_informatique/actes_colloque_2006.pdf.

[Parmantier et Stéphane, 2008]

Parmantier, P. et Stéphane, V. (2008). *Les plates-formes de mutualisation.* OTeN, projet IRIS. http://www.oten.fr/spip.php?article3328.

[Peng, 2005]

Peng, Z. (2005). *Linux adoption by firms.* http://opensource.mit.edu/papers/peng.pdf.

[Pitrou, 2007]

Pitrou, A. (2007). *Faut-il un "modèle économique" du logiciel libre ?* http://www.libroscope.org/Faut-il-un-modele-economique-du.

[Raymond, 1997]

Raymond, E. S. (1997). *La cathédrale et le bazar.* LinuxKongress, traduction de Sébastien Blondeel. http://www.linux-france.org/article/these/cathedrale-bazar/cathedrale-bazar_monoblock.html.

[Raymond, 1999]

Raymond, E. S. (1999). *Le chaudron magique.*
http://www.linux-france.org/article/these/magic-cauldron/magic-cauldron-fr_monoblock.html.

[Raynaud, 2007]

Raynaud, F. (2007). *Essai sur le modèle du libre – l'expérience open-mairie.*
http://www.openmairie.org/documentation/openmairie/essai_modele_libre.pdf/download.

[Roy et der Perre, 2007]

Roy, D. L. and der Perre, A. V. (2007). *Aspects généraux de la mutualisation informatique dans le secteur public.* Facultés Universitaires Notre-Dame de la Paix – Namur.
http://www.crid.be/pdf/public/5559.pdf.

[Saint Cyr 2006]

Saint Cyr, Méric, de (2006), *Logiciels libres, la grande illusion*
http://www.agoravox.fr/article.php3?id_article=8970

[Say, 1928]

Say, J-B. (1928) Cours complet d'économie politique pratique
ed. Guillaumin 1952
texte consultable sur http://books.google.fr

[Sig, 2006]

Sig (2006). *Qui profitera de l'open source ?*
http://www.akasig.org/2004/08/20/qui-profitera-de-lopen-source/.

[Sinz, 2006]

Sinz, P. (2006). *There are no issues, only solutions.* Proceedings IDABC OSS Event – Prague.
http://ec.europa.eu/idabc/servlets/Doc?id=24853.

[The 451 group, 2008]

The 451 group (2008). *Open source is not a business model.*
http://www.the451group.com/caos/caos_detail.php?icid=694.

[The Standish Group, 1995]

The Standish Group (1995). *Chaos report.*
http://www.ise.canberra.edu.au/un6348/iso-2-06/lecture
  notes/chaos_report.pdf.

[Torvalds, 1998]

Torvalds, L. (1998). *FM interview with Linus Torvalds : What motivates free software developers ? First Monday,* 3(3).

[Viseur, 2003]

Viseur, R. (2003). *Aspects économiques et business models du logiciel libre.*
http://www.logiciellibre.net/download/cf-modeco-1-v1.pdf.

[Viseur, 2004]

Viseur, R. (2004). *Un marché libre pour les logiciels libres ?*
http://www.logiciellibre.net/newsletter/index200406.php.

[Watzlawick, 1974]

Watzlawick, Paul (1974). *Changements, paradoxes et psychothérapie.* trad. Seuil 1975

[Wheeler, 2007]

Wheeler, D. A. (2007). *Why open source software / free software (oss/fs, floss, or foss)? look at the numbers!*
http://www.dwheeler.com/oss_fs_why.html.

[Wittgenstein, 1969]

Wittgenstein, L. (1969). *On certainty.* Blackwell.

Index

Notes de fin

1   Pour situer Linux, et la familles des BSD parmi les Unix, voir le schéma suivant :
http://upload.wikimedia.org/wikipedia/commons/5/50/Unix_history-simple.png

2   On considère souvent que 1996 est la naissance de l'internet ouvert à tous. Courant 1996 le nombre de serveurs s'est mis à doubler tous les mois...

3   [Say 1828], page 66

4   http://www.logilab.fr/publications/impact-logiciel-libre

5   http://www.synergies-publiques.fr/article.php?id_article=867

6   Voir par exemple [Molland 2006a] et [Molland 2006b]

7   Sous le nom d'économie de l'immatériel. Pour les enjeux généraux de ce changement, voir [Gensollen, 2005]

8   Sur cette notion, voir [Hennebel, 2001]

9   C'était au séminaire Aristote, 2004 sur les modèles économiques du libre.

10   Voir [Aristote 2008]

11   Voir [Lerner and Tirole, 2000] et [Fink, 2003]

12   Voir par exemple http://en.wikipedia.org/wiki/Gratis_versus_Libre

13   La FSF ne cesse de répéter que « *Free software is a matter of liberty, not price* ».
voir http://www.gnu.org/philosophy/free-sw.html

14   [Saint Cyr 2006]

15   http://yonne.lautre.net/article.php3?id_article=1125

16   [Raymond 1999]

17   [Raymond 1999]

18 SOA : Service Oriented Architecture.

19 [Pitrou 2007]

20 [Guillaud 2006]

21 [Kerorguen 2008]

22 [Hardin 1968] http://en.wikipedia.org/wiki/Tragedy_of_the_commons

23 [Delannoy]

24 [Aigrain 2005]

25 [Raymond 1999]

26 http://en.wikipedia.org/wiki/Coopetition

27 [Nalebuff and Brandenburger 1996]

28 [Görling 2007]

29 [Torvalds 1998]

30 [Watzlawick 1974]

31 Sartre utilise ce mot dans l'Etre et le Néant mais dans un autre sens.

32 À propos du la philosophie de l'histoire de Rousseau, Jean Starobinski a cette belle formule : « Le chemin du retour n'est ouvert qu'au rêveur ».

33 [Horn 2000], tome 2 chap. VII

34 Voir aussi par exemple [Héritier 2001].

35 [Raymond 1999]

36 [Raymond 1999]

37 Voir aussi [Gonzalez-Barahona, 2000] et [Viseur, 2003], [Koënig, 2004] et plus récemment le document de l'AFUL [AFUL, 2007] et le livre blanc de l'April [APRIL, 2007].

38 [Hecker 1998]

39 [Fabernovel Consulting 2007]

40   Voir , par exemple [Jullien et al., 2002] page 22.

41   Sur ce point précis, voir [Comino and Manenti 2006]

42   C'est assez clair dans [Köenig, 2004].

43   [Blankenhorn 2006]

44   [Smile 2008]

45   [Raymond 1997]

46   Sur ce point, voir [Peng, 2005].

47   Sur les freins et les accélérateurs de cette adoption, voir [Holck et al., 2004].

48   Voir sur ce point l'intervention de Marie-José Palasz et Elise Debies sur « les logiciels libres et les marchés publics. »
http://www.synergies-publiques.fr/article.php?id_article=466
Sur le même sujet, voir les guidelines d'Osor [Gosh et al., 2008].

49   Il a été présenté pour la première fois à Mont de Marsan, aux Rencontres Mondiales du Logiciel Libre, en juillet 2008.

50   Voir le livre merveilleux de Denis Guedj : *Le théorème du perroquet* [Guedj, 2000].

51   Et Grigori Perelman ne leur en veut pas !

52   [Lang 2000]

53   Bulletin Board System. Babillard. Populaire dans les années 1990, le maillage mondial des BBS a été remplacé par internet.

54   http://www.makarevitch.org/rant/wikipedia.html

55   [Couros 2006]

56   [Auray et Vincente 2006]

57   [Lakhani et Wolf 2005]

58   [Bryon 2008]

59   Voir par exemple [Le Bars 2003]

60   Voir [Mikko Vlimki, 2003] et [Comino and Manenti 2006]

61 [Moczar 2005]

62 Le noyau dur technique d'un projet.

63 [Haehnsen 2006]

64 http://www.microsoft.com/presspass/press/2008/oct08/10-13Silverlight2PR.mspx

65 http://blogs.nuxeo.com/sections/blogs/arnaud_lefevre/2005_03_03_editeur_de_logi
ciels

66 ibid.

67 Sur ce point, IDA (aujourd'hui IDABC) a publié un document très
important : son *guide de migration*. Il est à souhaiter que les
directeurs informatiques en aient connaissance et l'aient consul-
té [Hnizdur, 2003].

68 Même [Dalle et al., 2004] ne l'envisage pas alors qu'il y avait
déjà quelques *communautés de clients* naissantes.

69 Il s'agit d'un logiciel (http://www.tabellio.org/) dédié à la gestion du
workflow de délibération partagé et *développé* par et pour les
assemblées   et parlements
http://www.pcf.be/ROOT/PCF_2006/public/communiques_de_presse/collaboration_
informatique_pcf_pfb.html

70 Voir http://www.plonegov.org/subcommunities

71 Voir par exemple cette liste : [Infonomics, 2005]

72 Retour sur investissement.

73 Total Cost Ownership (coût total de possession). Concept intro-
duit par le cabinet Gardner.

74 Sur ce point voir
http://www.pcf.be/ROOT/PCF_2006/public/evenements/activites_diverses/services
_publics_et_mutualisation_informatique/francois_elie.pdf
et http://www.megalis.org/netpublic/archives/2007/docs/Atelier3-Adullact.pdf

75 L'article fondamental sur ce point est [Aigrain, 2002]. Voir aussi
[Parlement Francophone de Bruxelles, 2006] et [Roy and der
Perre, 2007].

76 [Akasig 2006]

77 [André 2005]

78 [Kraft 2006]

79 Dans le domaine des connaissances il faudrait prendre l'exemple de l'association française Sesamath.

80 http://www.debian.org/social_contract.fr.html

81 Linux + Apache + MySQL + Php.

82 http://www.neteco.com/84092-david-axmark-mysql-11-installations.html

83 http://solutions.mysql/partners/

84 http://www.linagora.com/actualites/le_recrutement_de_sophie_gautier_responsable_francophone_du_projet_openoffice.org_ar944.html

85 Projet de la ville de Munich. http://www.wollmux.org

86 Projet initié par Philippe Allart. Voir http://www.framasoft.net/article4484.html

87 http://www.01net.com/article/145519.html

88 http://www.novaforge.org/novaforge/fr-decouvrir/interview-jpl

89 http://www.journaldunet.com/solutions/systemes-reseaux/actualite/nokia-s-offre-symbian-et-annonce-une-fondation-open-source.shtml

90 http://www.openworldforum.org

91 [Elie et Bondaz, 2004]. UPCT est aussi mentionné dans [Noisette et Perline, 2004] et dans *Sciences et Avenir* de novembre 2004. L'affiche en grand format peut être trouvée à l'url http://www.adullact.org/LaLettre/12/Affiche_FR.jpg

92 Une étude de Pierre Audoin Consultants (que vous pouvez acquérir pour 3950 €) indique qu'en 2007, le libre représentait 2,4 % du marché des services contre 1,5 % l'année précédente [Consultants, 2008]. « On voit éclore plus de projets open source en Europe que dans le monde tout entier » (Bertrand Diard, Talend http://www.lexpansion.com/economie/actualite-high-tech/open-source-le-consortium-americain-osa-s-ouvre-a-l-europe_142005.html).

93 http://www.programmez.com/solutions_fiche_projet.php?id_projet=73

94 [Raynaud 2007]

95 http://www.openmairie.org

96 http://www.liberacces.fr/

97 ZEA Partners : nouveau nom de Zope Europe Association.

98 http://www.cocktail.org/

99 http://www.adullact.org et http://adullact.net

100 http://www.adullact-projet.coop/

101 [Leroy 2008]

102 Voir [Sinz, 2006]

103 http://demos.adullact.org/

104 [Gosh 2007]

105 Voir aussi
http://www.publicsectoross.info/images/events/4_378_file.pdf
et http://www.publicsectoross.info/images/resources/17_366_file.pdf

106 http://www.smeserver.org

107 http://www.marcouin.org/article.php3?id_article=83

108 http://www.linux-france.org/article/pro/annuaire

109 http://www.progilibre.com

110 Par exemple
http://www.zdnet.fr/actualites/informatique/0,39040745,39139769,00.htm

111 [Gosh 2004]

112 [The Standish Group, 1995], voir aussi [Cohen, 1994]

113 [Standish Group 1995]

114 [Standish Group 1995]

115 [Cohen 1994]

116 http://www.afi.asso.fr/index.php?m=76

117 À toute époque, la *grande époque* est celle où les hauts respon-
sables d'aujourd'hui accédaient à leurs premiers postes de res-

ponsabilité !

118 Wittgenstein propose, dans De la Certitude [Wittgenstein, 1969] de réfléchir à l'expression : « *Je croyais le savoir* » (§21).

119 [Feverabend 1979]

120 Voir [Gosh *et al.*, 2008]

121 « Garantissez-moi de mes amis, écrivait Gourville proscrit et fugitif. Je saurais bien me défendre de mes ennemis. » Considération sur l'Esprit et les Mœurs (1788). De l'amitié.

122 Certains documents se présentent par exemple comme étant produits de manière entièrement bénévole, comme s'il s'agissait d'une garantie suprême, une sorte de super bio. Généralisé, cela traduirait non pas le désinteressement, mais l'intérêt masqué.

123 http://www.novaforge.org/novaforge/fr-developper/adullact/

124 Voir par exemple
http://www.synergies-publiques.fr/IMG/pdf/3-Adullact4DGME.pdf

125 http://www.zdnet.fr/actualites/informatique/0,39040745,39364027,00.htm?xtor=1

126 http://www.plonegov.org/press/fr/les-collectivites-europeennes-mutualisent-leurs-developpements-informatiques/

127 Voir la *parabole des ouvriers de la onzième heure*, Mat. 20, 1-6.

128 [Raymond 1999]

129 http://www.zdnet.fr/actualites/informatique/0,39040745,39139588,00.htm.

130 C'est pour cette raison que l'Adullact propose à ses membres et à ses partenaires une charte qualité – voir
http://www.adullact.org/breve.php3?id_breve=109.
Cette charte, dont la première version a été rédigée par Philippe Allart, définit la manière dont doit travailler un prestataire dans le contexte du logiciel libre.

131 Sur le rapport entre ces deux notions, voir
http://nauges.typepad.com/my_weblog/2008/08/cloud-computing-saas-software-as-a-service-diff%C3%A9rences-compl%C3%A9mentarit%C3%A9s.html

132 Voir sur ce point http://www.generation-nt.com/stallman-cloud-computing-logiciel-proprietaire-actualite-163041.html

133 page 202.

134 Comme le citoyen *consent* l'impôt.

135 [Nicolas 2005]

136 Non, je ne dénoncerai pas l'auteur de ce calembour.